THOMAS RATH

DER FASHION RATH

FÜR DEN MANN

THOMAS RATH

DER FASHION RATH

FÜR DEN MANN

DUMONT

Erste Auflage 2013

Redaktionelle Mitarbeit: Christoph Graebel und Claudius Nießen

Illustrationen: KOCH.ZÄNKER
Gestaltung und Satz: KOCH.ZÄNKER
Gesetzt aus der Proforma und der Sackers Gothic Light
Gedruckt auf säurefreiem und chlorfrei gebleichtem Papier
Umschlag: Birgit Haermeyer
Autorenfoto: © Dennis Ignatov
Druck und Verarbeitung: fgb, freiburger graphische betriebe GmbH & Co. KG

Printed in Germany
ISBN 978-3-8321-9720-9

www.dumont-buchverlag.de

FÜR DIE MÄNNER DIESER WELT

MODERN IST, WAS MAN SELBST TRÄGT.
UNMODERN IST, WAS ANDERE TRAGEN.

OSCAR WILDE

MODEN KOMMEN UND GEHEN,
STIL WÄHRT EWIG.

YVES SAINT-LAURENT

FASHION SOLLTE EINE ART ESKAPISMUS SEIN
UND NICHT EINE ART GEFANGENSCHAFT.

ALEXANDER MCQUEEN

INHALT

I
SERIENAUSSTATTUNG

WERTE HERREN, LIEBE MÄNNER
ZEHN-PUNKTE-PLAN FÜRS OBERHEMD
AUFZUG MIT ANZUG
A MAN'S BEST FRIEND – DER BLAZER
MANTELVERTRAG
IM NAMEN DER HOSE
GUT IM STOFF
LACK AN DIE SCHUHE
SOCKENPEST
HÄNGEPARTIE
CHECKHEFT

II
SONDERAUSSTATTUNG

DIE SCHÖNEN DINGE
DER HUTMUT
ÜBERSTUNDEN
PFLEGE UND KOSMETIK
ALT VERSUS VINTAGE

HUT AB – DIE HAARE
SPORTS, SPORTS, SPORTS
PEDALRITTER
DAS AUTOMOBIL
REISEN UND GEPÄCK

III
TEILE UND ZUBEHÖR

DER MANN IM SOMMER ODER: EIS MIT STIL
BEILEIBE NICHT – TIPPS FÜR GROSSE UND KLEINE FIGUREN
JAGEN UND SAMMELN
EIN PARKHAUS FÜR DEN HERRN
THE CODE TO BE A MAN
GENTLEMAN ODER GERMAN
FASHION POLICE
CLASSIC WITH A TWIST – DER FILM

IV
VOM THOMAS ZUM FASHION RATH

I

SERIENAUSSTATTUNG

WERTE HERREN, LIEBE MÄNNER,

Eure Themen sind Männerthemen. Ihr beherrscht sie gut, müsst nicht nach Worten suchen – obwohl es wirklich viele Themen sind. Ich bin mir sicher, ihr habt an eure Garderobe auch schon ein paar Gedanken verschwendet.

Ihr seid auf dem richtigen Weg, so über Mode sprechen zu können, wie ihr über Kaffeevollautomaten und Doppelkupplungsgetriebe sprecht. Denn es ist doch völlig klar: Bevor Männer über etwas sprechen, informieren sie sich gründlich. Bevor wir ein Kraftfahrzeug erwerben, ziehen wir mindestens zwanzig Autozeitschriften zurate, da bin ich nicht anders.

Bevor ihr eurer Tochter einen Hamster kauft, werden Kosten und Nutzen abgewogen. Männer, ihr steht im Thema, wenn ihr den Mund aufmacht. Die beste Voraussetzung für die erfolgreiche Wahl des passenden Outfits ist also, dass ihr über Mode sprecht. Über Stil und Handwerk, über Stoffqualitäten und Tragekomfort. Nicht darüber, was in der nächsten Frühjahr-Sommer-Saison der absolute Trend sein wird oder welche Models Designer Soundso bei der Fashion Week über den Laufsteg geschickt hat.

Die richtige Art, sich zu kleiden, ist weit mehr als der Zwang, im Büro Anzug tragen zu müssen, und ist auch weit mehr als die Freiheit, nach Feierabend endlich tragen zu können, was man will. Jedes Kleidungsstück, jede Kombination erzählt eine Story. Bei Outfits kann man besser als anderswo zwischen den Zeilen lesen. Und häufig lese ich da von einem Trugschluss: »Im Büro muss ich Anzug tragen, obwohl ich mich darin unwohl fühle, also trage ich in meiner Freizeit, was ich will.«

Viele Männer tragen eben nicht, was sie wollen. Sie fühlen sich in den Anzug gezwungen und machen nach Feierabend die

Büchse der Pandora des guten Geschmacks zu. Sie ziehen dann an, was gerade obenauf liegt, und verkaufen es sich selbst als das, was sie am Feierabend tragen wollen. So werden dann schlecht sitzende schwarze Jeans, farblose Rundkragenpullover und ausgewaschene Poloshirts zu einem Outfit, das ich Trotz-Outfit nenne. Weil ihr euch vor dem Kleiderschrank allzu oft von kindlichem Trotz steuern lasst. Ihr habt keine Lust, euch mit den Stoffen, den Farben und der Schnitthistorie zu beschäftigen.

Aber genau in diesen Punkten schlummert das, was Mode für euch nicht nur angenehm, sondern sogar unabdingbar machen kann: Mode ist ein Kulturgut. In jeder Kultur der Welt übrigens. In unserer westlichen Kultur ist manchem das Verständnis dafür leider abhandengekommen, weil in den Geschäften so eine riesige Auswahl an billigen Stoffen, billigen Schnitten und billigen Outfits als Mode angepriesen wird. Man muss eben im Thema, ich könnte auch sagen, im Stoff stehen, um qualitäts- und stilbewusst kaufen zu können.

DIE RICHTIGE ART, SICH ZU KLEIDEN, IST MEHR ALS DER ZWANG, IM BÜRO ANZUG TRAGEN ZU MÜSSEN, UND MEHR ALS DIE FREIHEIT, NACH FEIERABEND ENDLICH TRAGEN ZU KÖNNEN, WAS MAN WILL.

Ich möchte nicht, liebe Männer, dass ihr alle Modehuschen werdet, die samstags mit ihrer besten Freundin Glitzerfummel kaufen. Um Gottes Willen. Ihr sollt unbedingt Männer bleiben. Ihr sollt Stil und Klasse haben und wissen, was ihr tragt. Mode soll euch nicht beherrschen, aber ihr sollt die wichtigsten *Dos* and *Don'ts* der Mode beherrschen können.

Dass ihr dann auch noch besser ausseht, ist ein angenehmer Nebeneffekt. Für euch, eure Frauen, eure Kinder, eure Freunde und für mich – also schlicht für alle. Im Ernst, ihr tut eurem Selbstbewusstsein und eurem Wohlbefinden etwas Gutes. Denn: Ihr wisst doch genau, mit eurer Kleidung könnt ihr nicht zuletzt auch eure berufliche Laufbahn maßgeblich beeinflussen.

Wonach wird denn in einem Bewerbungsverfahren der neue Kollege ausgewählt, wenn die drei Kandidaten fachlich auf demselben Stand sind? Nach dem ersten Eindruck natürlich! Dass dabei nicht das ganze Innenleben eines Bewerbers in Betracht gezogen wird, ist klar. Je besser und passender ein Mann sich kleidet, desto schneller und nachhaltiger hat er seine Gesprächspartner davon überzeugt, dass er Stil und Klasse hat.

Wenn man sich für Mode interessiert, sich informiert und keine Angst hat, über sie zu sprechen, ist Mode nicht oberflächlich. Wenn man Bescheid weiß, wann ein Outfit passt, ist Mode nicht mehr lästig. Wer sich zu kleiden weiß, ist lässig. Und Lässigkeit ist eine Tugend, die euch Männern ganz fabelhaft zu Gesicht steht.

WENN MAN SICH FÜR
MODE INTERESSIERT, SICH
INFORMIERT UND KEINE ANGST HAT,
ÜBER SIE ZU SPRECHEN,
IST MODE NICHT OBERFLÄCHLICH.
WENN MAN BESCHEID WEISS,
WANN EIN OUTFIT PASST,
IST MODE NICHT MEHR LÄSTIG.

ZEHN-PUNKTE-PLAN FÜRS OBERHEMD

Du kannst den teuersten Anzug tragen – er wird dir nichts nützen, wenn du darunter kein Hemd oder eben das falsche trägst. Das Oberhemd ist das wichtigste Kleidungsstück des Mannes. Sitzt es perfekt, zeugt es von einem ästhetischen Grundgefühl. Es wertet das Outfit auf, sagen die einen, es macht ein Outfit erst zum Outfit, sage ich. Selten ist Mann mit Kragen und Manschetten *overdressed* und noch seltener *underdressed.* Wie und wo er das richtige findet, wie er es pflegt und trägt und was es sonst noch so zu beachten gibt, verrät mein Zehn-Punkte-Plan fürs perfekte Oberhemd:

DER KAUF

Dein bestes Oberhemd kommt vom Maßschneider. Alle deine Oberhemden sollten vom Maßschneider kommen. Der Gang zum Maßschneider zeugt von Stil und der richtigen Lebenseinstellung. Ja, manch einer sagt, der Hemdenkauf im Warenhaus am Wühltisch mit den Sonderangeboten sei schneller und einfacher umsetzbar. Das mag sein. Aber es geht um dein Äußeres, es geht um dich. Hemden kauft man nie nach dem Preis, sondern nach dem Modell, das am besten sitzt, nach der Passform. Das heißt: Selbst bei den Wühltischhemden ist die Anprobe obligatorisch. Aber da stehst du dann mit fünfunddreißig anderen Männern, mit denen du vorher durch die Angebotsberge getaucht bist, vor der Ankleide und wartest und wartest, und schon wird der Aufenthalt im Warenhaus zäh und anstrengend. Das kann ja keiner wollen. Ganz abgesehen von dem, was du im Plastikbeutel nach Hause trägst. Diese Hemden kannst du zwar anziehen, aber gut aussehen werden sie in den seltensten Fällen. Das Hemd von der Stange ist ein Lotterieprodukt. Sechs Richtige, wenn es so sitzt, wie ein Hemd sitzen sollte, nämlich wie ein Maßhemd. Denn das wird dir auf den Leib geschneidert. Du wirst es tragen wie eine zweite Haut. Es ist wie du. Das schafft kein Hemd von der Stange, selbst wenn die Stoffqualität gleich und die Verarbeitung hochwertig sein sollte.

DIE PASSFORM

Der Maßschneider schneidert dein Hemd so, wie du es wünschst, und er hilft dir, deine Wünsche zu formulieren. Es ist schlicht falsch, wenn du denkst, ein Maßhemd muss immer eng anliegend sein. Das ist eine Frage der Silhouette, eine Frage des Geschmacks. Viel wichtiger ist es, dass die Kragenweite passt. Die kannst du schon zu Hause ermitteln, in dem du mit einem Maßband deinen Halsumfang misst. Nicht vergessen: Ein Zeigefinger sollte dabei zwischen Hals und Maßband passen. Der zweite Punkt in Sachen Passform ist die Armlänge. Mindestens einen Zentimeter sollte die Manschette aus dem Anzugärmel herausschauen. Der dritte Punkt gilt dann der Rumpflänge des Hemdes, damit es nicht bei jeder Gelegenheit aus der Hose rutscht.

Die angegebene Maßeinheit bei Hemden von der Stange ist in Deutschland die Kragenweite. Von ihr leiten die Hersteller Rumpf- und Armlänge ab. Das ist die Norm – aber welcher Mann möchte oder hat schon einen Normkörper? Die Industrie arbeitet so, die Männer kaufen die Hemden so, doch diese Hemden können keinesfalls wie ein Maßhemd sitzen. Die Größe des passenden Autoreifens wird auch nicht nur am Durchschnittsmaß der Felge berechnet. Da kommt noch die Felgentiefe dazu, und auch Mindest- und Höchstmaß der Reifendicke sind vorgeschrieben.

DER STOFF

Die Stoffqualität deines Hemdes sollte etwas dicker sein, wobei dicker nicht kräftig oder rustikal bedeutet. Dickere Hemdenstoffe haben einen besseren Look, Brusthaar und Brustwarzen scheinen nicht durch – wie es bei dünnen Stoffen leider oft passiert. Beim Stoff sind es nicht nur die Fasern, die den Unterschied ausmachen, sondern auch die Webtechniken. Dein Maßschneider wird sich freuen, wenn du sagst, dass du ein Hemd aus Sea Island Cotton wünschst. Das ist die Krönung der Hemdenstoffe. Direkt gefolgt von Schweizer Baumwolle, einer ebenfalls sehr hochwertigen, mit dem Siegel *swiss+cotton* gekennzeichneten Verarbeitungsqualität. Aber auch die Klassiker Oxford oder Twill könnten dir gut stehen. Entscheidend bei der Wahl des Stoffes ist, wie er sich anfühlt. Und das ist eine sehr persönliche Sache, auf die du, *by the way*, beim Onlineshopping verzichten musst!

Für den noch bequemeren Sitz deines Maßhemdes wählst du einen Stoff, dem etwas Lycra oder Elastan beigemischt ist. Die leichte Stretchfunktion dieser Qualitäten macht jede Bewegung mit, und das Gesamtprodukt hält entsprechend länger. Wenn sich also deine Figur nicht ändert, kann ein Maßhemd dein Lebensabschnittsbegleiter werden. Und schon nach kurzer Zeit hat sich der höhere Preis gegenüber dem Lappen vom Wühltisch amortisiert. Ganz abgesehen davon, dass du in dieser Zeit auch noch besser aussiehst und dich besser fühlst – und das ist doch wirklich unbezahlbar.

DIE AUSSTATTUNG

Das wichtigste Hemd ist das schlichte in Weiß. Gefolgt vom hellblauen für den zurückhaltenden Businesslook. Doch Hemdenstoffe gibt es in allen Farben und allen Mustern. Die Auswahl ist groß, und eine Entscheidung fällt oft schwer. Bei Streifen und Karos gilt: Je größer sie sind, desto dicker machen sie dich. Kleinkariert ist bei Hemden also alles andere als dämlich. Gerade im Büro sollte das Muster nicht zu groß sein. Es lenkt sonst zu sehr von dir selbst ab.

Lass dir lieber deine Initialen als farbiges Monogramm auf die Manschette sticken und die Knöpfe mit demselben Garn annähen. Das sind kleine, sympathische Farbtupfer, und Kenner wissen diese Personalisierung sehr zu würdigen. Und noch etwas: In der Reinigung geht ein Hemd mit Initialen viel seltener verloren.

Vor ein paar Jahren konnte man in der deutschen Presse von der tollen Hemdenpassform des Nationaltrainers lesen. Es stimmt: Jogi Löws Hemden machen eine schmale Silhouette, weil er sich für sichtbare Ziernähte entschieden hat, die vertikal über der Brust verlaufen. Sprich mit deinem Maßschneider darüber, er kennt sich aus, und du kannst viel von ihm lernen.

DER KRAGEN

Der Kragen ist der augenfälligste Teil eines Hemdes, er ist sozusagen sein A und sein O. Es gibt ihn in zig verschiedenen Ausführungen, aber aufgepasst: Beim klassischen Outfit, das sich durch den kleinen, feinen Twist auszeichnet, zählt der Kragen definitiv zu den wichtigsten Bestandteilen.

Die beste Form hat der Kent-Kragen. Er ruft nicht zwingend nach einer Krawatte, darf also auch mal offen bleiben. Nicht so der Haifischkragen. Er verliert seine Haltung, wenn er offen bleibt, schiebt sich mal unter, mal über das Sakkorevers, nur geschlossen sitzt er richtig. Unabhängig von der Kragenform gilt: Wer den Kragen schließt, muss zwingend einen Binder (Krawatte) oder eine Schleife (Fliege) tragen.

Die Kür jedes Herrenoutfits ist ein weißer Kragen zum gemusterten Hemd. Weiß am Hals lässt die Gesichtsfarbe strahlen, macht den Träger jünger und frischer. In Kombination mit weißen Manschetten ist er das Nonplusultra des stilvollen, eleganten Mannes. Außerdem ist dieser Kragen eine Reminiszenz an vergangene Zeiten, in denen man abnehmbare Wechselkragen trug, um immer zu strahlen, während das Hemd selbst gern über mehrere Tage am Mann bleiben durfte, oder besser: musste.

Auch sportive Zeitgenossen kommen um ein Oberhemd nicht herum. Für sie wurde der Button-Down-Kragen erfunden, dessen Flügel mit Knöpfen fixiert werden. Dieser Kragen kann nur offen getragen werden, er ist mit einem Krawattenverbot belegt, das nicht aufgehoben wird, solange ich lebe!

Ein guter Kragen wird mit Kragenstäbchen in Form gehalten, die in kleine Laschen an der Kragenflügelunterseite geschoben werden. Es gibt Stäbchen in Sterlingsilber, aus Horn, aus Knochen und aus Plastik, und sie müssen vor dem Waschen unbedingt entfernt werden. Bei Hemden von der Stange sind Kragenstäbchen mitunter eingenäht und knicken beim Waschen gerne um. Diesen Knicken folgen fortan auch die Kragenflügel.

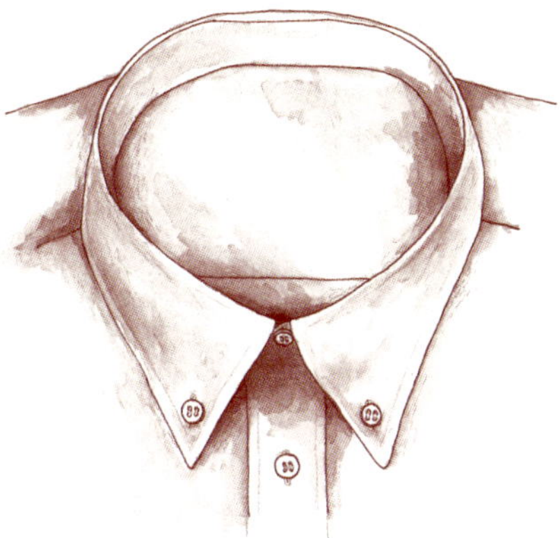

BUTTON-DOWN-KRAGEN

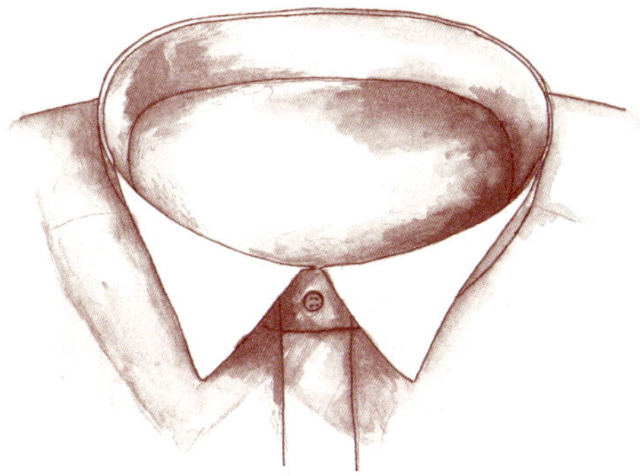

SMOKING-KRAGEN

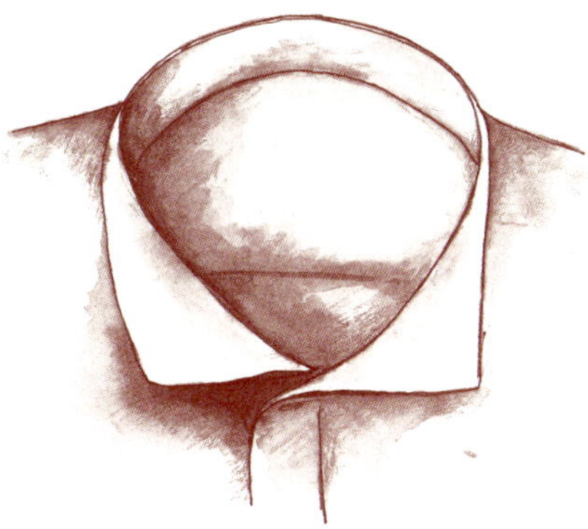

HAIFISCHKRAGEN

KENT-KRAGEN

DIE MANSCHETTEN

Die Enden der Ärmel sind der Anfang des Stilbewusstseins. Doppelmanschetten dürfen keine Knöpfe haben, nur Knopflöcher. Sie zählen zu den wenigen Stellen eines Herrenoutfits, an denen der Mann Schmuck tragen kann: Manschettenknöpfe. Die gibt es aus allen Materialien und in vielen Farben. Die aus Edelmetall können graviert sein, Steine lassen sie glitzern. Mein persönlicher Favorit sind Knopfknoten aus Seide in starken Farben, sogenannte Türkische Knoten. Viele Herrenausstatter stellen sie in großen Bonbongläsern auf ihre Tresen. Bei Manschettenknöpfen hat der Mann eine große Auswahl. Sie ist nicht so groß wie die der Frau beim Abendkleid, aber doch so groß, dass es auf den persönlichen Geschmack ankommt. Ankommen muss! Manschettenknöpfe sind entscheidungspflichtig.

In der Regel werden Doppelmanschetten an einem klassischen Oberhemd mit dem Haifischkragen kombiniert.

Die schönste, edelste und stilvollste Manschette ist weiß – wie der Hemdkragen. Das gilt für die doppelte ebenso wie für die einfache Sportmanschette mit herkömmlichen Knöpfen. Vor allem im Sommer ist letztere nicht verkehrt, man darf sie für den sportlichen Look auch hochkrempeln.

UM DEN HALS

Ist der oberste Knopf zu, muss etwas drumgebunden werden. Ein Binder oder eine Schleife. Das hängt vom Geschmack ab und von der Kragenform: Haifischkragen müssen geschlossen werden und verlangen nach einer Krawatte. Natürlich mit dem doppelten Windsorknoten. Zum Kent-Kragen passt die Schleife sehr gut, im Volksmund Fliege genannt. Kent-Kragen, Doppelmanschette und Fliege: meine tägliche Kombination.

DIE PFLEGE

Von Oberhemden sieht man meist nur die Bereiche, die besonders pflegeintensiv sind: Kragen und Manschetten. Sie verschmutzen schnell, und ihren Rändern und Kanten ist bald anzusehen, ob der Mann Uhr oder Bart trägt. Verschlissene Hemden darf man nicht mehr anziehen. Angespeckte auch nicht.

Damit Mann also lange etwas vom Hemd hat, muss es gut gepflegt werden. Und zwar entweder in der Reinigung oder zu Hause. Aber wo auch immer der Waschvorgang eingeleitet wird, gilt die Grundregel: Viel Waschmittel hilft nicht viel. Lieber kombiniert man das Waschmittel in kleiner Dosierung mit Wäsche-Weiß, Wäsche-Blau. Besonders fleckige Stellen sollten vorher mit Backpulver bestreut werden. Dann strahlen Kragen und Manschetten, und ein weißes Hemd strahlt auch wieder komplett. Perfekt für lange Arbeitstage nach kurzen Feiernächten.

Nach dem Waschen wird noch nicht gebügelt. Vorher wird etwas von der guten alten Hoffmanns Sprühstärke auf Kragen und Manschette aufgetragen. Die Stärke stärkt nicht nur, sie macht die Hemden auch schmutzresistenter.

Gewaschen, gestärkt und gebügelt gehören Hemden auf einem Bügel in den Schrank, nicht gelegt und zusammengefaltet. Erstens sieht man die Falten beim nächsten Tragen, und zweitens kommen so alle die schönen nebeneinanderhängenden Hemden zum Zug – gelegt und gestapelt jedoch nur die obersten drei.

DIE ANZAHL

Ein Mann sollte nicht nur im Büro Oberhemden tragen. Auch außerhalb von Karriere- und Hierarchieräumen ist gutes Aussehen von Vorteil.

Trotzdem: Die minimale Grundausstattung von Businesshemden umfasst zehn Stück. Für jeden Werktag zwei – eins zum Anziehen und eins zum Wechseln. Denn der Mann von Welt zieht sein Sakko nicht aus, wenn er schwitzt, es sei denn, er wechselt das Hemd. Das im Ernstfall zu tun, ist die stilbewusste Art, das Schwitzen einzudämmen. Und alle anderen Hemden? Davon kann man nicht genug haben!

DIE NO-GOS

Das richtige Oberhemd richtig zu tragen, ist so schwer nicht. Es gilt, ein paar wenige Regeln zu beachten, und wer dazu die folgenden sechs Punkte verinnerlicht, riskiert keine Razzia der Fashion Police.

I

Bitte unter dem Hemd kein T-Shirt tragen. Das ist, vor allem bei Shirts mit rundem Ausschnitt, absolut Achtziger. Damals lag modetechnisch so einiges im Argen. Wenn unbedingt aus Wohlfühl- oder Wärmegründen etwas unter dem Hemd getragen werden muss, dann ein extra für diesen Zweck sehr tief ausgeschnittenes Shirt von Zimmerli oder Jockey. Alles andere ist die Sträflingskleidung für die Fashion-Police-Untersuchungshaft.

2

Was man nie und nimmer tragen darf, sind Kurzarmhemden. Sie sind hässlich wie die Nacht, auch wenn sie vermutlich so praktisch sind ... Aber Kurzärmel schlabbern immer mit dem Oberarm-Winkfett um die Wette und bieten ungewollte Blicke auf Körperregionen, die man einfach nicht sehen möchte. Dann lieber den Ärmel eines Langarmhemdes hochkrempeln, so sitzt er wenigstens gut.

3

Hat ein Oberhemd eine Brusttasche, müsst ihr immer bedenken: Das sind nur Ziernähte. Eine Hemdtasche ist keine Tasche. Da darf und kann man nichts reintun. Weder den Kuli, der ausläuft, noch die Zigaretten. Auch keine Visitenkarten, keine Bilder der Kinder oder der Freundin, keine Taschentücher und keine Teebeutel. Nichts gehört in diese Taschen. Man könnte sie glatt weglassen.

4

Hawaii-Hemden trägt man weder in Freiheit noch im Gewahrsam der Fashion Police. Es gibt einen einzigen Ort, an dem man sie guten Gewissens tragen kann und darf, ohne unangenehm aufzufallen: Hawaii.

5

Vintage ist ein großes Modethema, aber nicht bei Hemden. Da gehören Used-Look und Shabby-Chic in die Autowerkstatt. Man kann damit ganz prima die Felgen putzen. Ist zwar dann ein bisschen teuer, so ein Lappen, aber er hat immerhin Kragen und Manschette.

6

Wofür Mann hingegen überhaupt kein Geld ausgeben darf, und was er sich auch niemals schenken lassen sollte, sind bedruckte Oberhemden. Unbenommen, ob Namen, falsche englische Sätze oder Stillhalteparolen auf dem Hemd stehen. All das gehört da nicht hin. All das gehört überhaupt nicht auf Kleidung. Auf gar keine. Am wenigsten auf die klassischen Teile.

DAS OBERHEMD IST DAS WICHTIGSTE KLEIDUNGSSTÜCK DES MANNES. SITZT ES PERFEKT, ZEUGT ES VON EINEM ÄSTHETISCHEN GRUNDGEFÜHL.

AUFZUG MIT ANZUG

Euer Anzug, liebe Männer, ist wie eure Visitenkarte. Habt ihr von der nur noch ein zerknittertes Exemplar in der Sakkotasche, gebt ihr sie nicht raus. Keiner soll sie sehen, was sollen denn die Leute denken? Was sollen aber die Leute denken, wenn ihr ihnen in einem Anzug gegenübertretet, der verbraucht, verschlissen und abgenutzt ist? Im richtigen Anzug macht jeder Mann eine gute Figur, ganz unabhängig von seiner Körperform.

Einen so perfekt sitzenden Anzug werdet ihr aber nur selten in den Kaufhäusern dieser Welt finden. So einen Anzug gibt es nicht von der Stange. Diesen Anzug zaubert euch der Maßschneider. Jetzt höre ich schon viele Männer Geld zählen und weiß, dass der Gang zum Atelier aus wirtschaftlichen Gründen ausfällt. Ein Anzug von der Stange muss reichen, sagt ihr.

Das ist kein Argument. Ihr tragt euren Businessanzug den ganzen Werktag über. Also mindestens neun Stunden, wenn wir die Mittagspause einrechnen, und gerade zum Lunch sollte man ja ebenfalls eine gute Figur machen.

Ihr werdet in dieser Zeit von Kollegen, von Geschäftspartnern, von Konkurrenten, Vorgesetzten, Mitarbeitern gesehen. Alles Menschen, die euren Arbeitsalltag entscheidend beeinflussen können. Sie registrieren, dass ihr mit eurem neuen Audi vorgefahren seid, das schon. Aber dieser Eindruck ist bald verflogen, wenn ihr in einem schlecht sitzenden schwarzen Anzug mit glänzendem Polyesteranteil vor ihnen steht. Bisher wurdet ihr trotzdem ernst genommen? Glück gehabt.

Wir Männer in Deutschland sind schon ein Phänomen: Keiner zögert, wenn es darum geht, einen erklecklichen fünfstelligen Betrag für ein Auto auszugeben. Wie lange sitzt ihr im Auto pro Tag? Und wie lange tragt ihr pro Tag einen Anzug? Eben. Es gibt keinen Grund, auf den Maßschneider zu verzichten. Manche mögen Scheu haben, weil sie denken, sie seien nicht richtig informiert. Niemand muss perfekt vorbereitet sein, wenn er zum Schneider geht. Der weiß genau, was er macht, und eine professionelle Beratung gehört zu seinem Geschäft. Ein paar Grundkenntnisse zum Anzug können aber nie schaden:

ANZUG VS. BLAZER

Grundsätzlich ist ein Anzug erst ein Anzug, wenn Jackett und Hose aus demselben Stoff gefertigt sind. Man erwirbt beides zusammen und trägt beides zusammen, nie einzeln. Fast nie. Fortgeschrittene kombinieren die graue Anzughose zum marineblauen Anzugsakko. Jacketts, die ihr einzeln schneidern lasst, heißen bei mir Sakkos oder Blazer. Sie können zu Jeans und Chinos kombiniert werden, haben eigene Stoffe und ein eigenes Kapitel im *Fashion Rath.* Ach ja, und auch wenn viele Männer sich im klassischen Dreiteiler *overdressed* fühlen, eine Weste gehört zum Anzug dazu, ich muss sie ja nicht jedes Mal tragen, aber wenn der Anlass es mal verlangt, dann hängt sie parat im Schrank.

DIE FARBE

Für den Businessanzug gilt Schwarzverbot. Aber zu gesellschaftlichen und familiären Anlässen kann Schwarz geboten sein, also sollte man schon einen eleganten schwarzen Anzug im Schrank haben. Fürs Büro ist Anthrazit das bessere Schwarz, auch ein schöner grauer oder marineblauer Anzug ist nicht nur tragbar,

EINREIHER MIT WESTE

sondern eine wunderbare Büroalternative. Sehr schön anzusehen sind auch Kreidestreifenmuster, wie sie vor allem in der Garderobe der Wall-Street-Banker vorkommen. Das sind keine Nadelstreifen, die den Stoff zu zerschneiden scheinen, sondern dezente Linien mit leicht verschwommener Kante. Auch zurückhaltende, einfarbige Karomuster sind durchaus geeignet für den Businesslook. Andere Farben und auffälligere Muster sind nur für Freizeitanzüge geeignet, es sei denn, man ist Künstler, Modedesigner oder darf aus anderen Gründen frei von Kleiderordnungen arbeiten.

DIE PASSFORM

Eine Anzughose sitzt dann perfekt, wenn sie nichts einklemmt, aber auch ohne Gürtel auf der Hüfte sitzen würde. Dennoch, das muss ich eigentlich nicht mehr extra betonen, trägt Mann eine Hose natürlich immer und ausschließlich mit einem Gürtel. Wenn die Hose weit, also klassisch geschnitten ist, endet sie am Schuhabsatz. Ist sie moderner geschnitten und liegt enger am Bein, bedeckt sie gerade noch den Knöchel.

Ein Anzugjackett sitzt dann perfekt, wenn es an Nacken und Rücken keine Falten wirft und das Gesäß bedeckt. Männer mit kurzen Beinen tragen also kürzere Jacketts, bei langen Beinen ist das Jackett auch etwas länger geschnitten. Misst man die Strecke zwischen dem hinterem Jackettkragen und dem Fußboden, befindet sich der Saum des Jacketts ziemlich genau auf der Mitte dieser Strecke. Die richtige Ärmellänge findet man übrigens, wenn der Ärmelsaum bei am Körper herunterhängendem Arm gerade so den Handgelenksknochen bedeckt. Streckt man, wie so oft und von so manchem Verkäufer aus unerfindlichen Gründen gefordert, die Arme waagerecht nach vorn, so mag das ein schöner Zeitvertreib sein – zum Bestimmen der perfekten Armlänge ist die Haltung aber keinesfalls geeignet.

DAS MODELL

Zweireihig, einreihig, zwei Knöpfe oder drei? Ein Schlitz oder zwei Schlitze? Fast alles ist Geschmackssache. Ein Zweireiher ist durchaus konservativer, hat mindestens vier Knöpfe und bitte immer zwei Schlitze am Rücken. Ein Einreiher hat einen oder zwei Schlitze und zwei oder drei Knöpfe. Niemals hat ein ernst zu nehmender Einreiher vier oder mehr Knöpfe. Auch bei der Hose kommt es auf den persönlichen Geschmack an. Zum konservativen Zweireiher passen auch Hosen mit Bundfalten und Aufschlag, wobei man Biedermeiercharme nicht mit bieder verwechseln darf ... Beim Einreiher sollte man die Chance ergreifen, einen moderneren Hosenschnitt zu wählen: schmaler, schlanker, eleganter.

DIE KOMBINATION, DER TWIST

Anzüge bieten deutlich mehr Potenzial zur Kombination, als man im ersten Moment vermuten würde. Als Dreiteiler mit Weste machen sie eine noch bessere Figur – immer ein sehr probates Mittel, um einen Bauchansatz zu kaschieren. Sakkos von einem Dreiteiler sind meist Zweireiher. Haben sie nur eine Knopfreihe, dann eine mit drei Knöpfen. Seinen Twist erhält ein Anzug durch ein farbiges Einstecktuch aus Seide, das bitte nicht im Set mit einer gleichfarbigen Krawatte verwendet wird. Soll

EINREIHER MIT ZWEI KNÖPFEN

schick aussehen, wirkt aber immer etwas billig. Ton in Ton eben. Das steht heute nicht mehr für das perfekte Auge und einen souveränen Umgang mit dem Farbfächer, sondern wirkt ein wenig übertrieben. Beim Einstecktuch können Männer mutig sein.

DIE KNÖPFE

Auf oder zu? Und falls ja, welche? Schaut man sich um, sieht man viele Varianten – doch nur ein paar sind richtig: Beim einreihigen Anzug ohne Weste wird der unterste Knopf nie geschlossen; gibt es drei Knöpfe, darf der oberste auch geschlossen werden, der mittlere muss. Das gilt allerdings nicht im Sitzen. Bevor man Platz nimmt, wird das Jackett aufgeknöpft, erhebt man sich, schließt man den richtigen Knopf wieder. Bei Dreiteilern dürfen die Jackettknöpfe offen bleiben, müssen aber nicht – die der Weste dagegen bleiben immer geschlossen.

Dann wären da noch die Köpfe am Ärmelende. Häufig sind sie mangels echter Knopflöcher nicht funktionsfähig. Ist der unterste von den meist vier Armknöpfen geöffnet, sieht der Kenner die hohe Qualität des Anzugs auf den ersten Blick. Das höchste der Gefühle ist natürlich, wenn beim Maßanzug alle Knopflöcher zumindest theoretisch ihre Funktion erfüllen können.

DIE ANZAHL

Die Mindestanzahl an Anzügen in einem Herrenkleiderschrank beträgt drei. Ein eleganter schwarzer Anzug für die richtigen Anlässe, ein anthrazitfarbener und ein marineblauer für den Businesslook. Alle drei müssen sitzen und kommen deshalb vom Maßschneider.

Die perfekte Anzuganzahl im Schrank – und jetzt denke bitte niemand, der Thomas ist ein Snob und hat zu viel Geld und trinkt beim Schreiben einfach zu viel Champagner; nein, ich meine das mit vollem Ernst –, die perfekte Zahl ist: dreißig. Bitte nicht aufregen, keine Schnappatmung kriegen. Ich erkläre gleich wieso: Zehn davon sind Businessanzüge in Anthrazit oder Marineblau aus Baumwolle und Wolle, damit man in allen vier Jahreszeiten den richtigen trägt, zehn davon sind Freizeitanzüge in Farben und Mustern, wie man sie persönlich am liebsten mag, und zehn Anzüge sind schwarz, darunter Smoking, Frack und Cutaway für die formellen Anlässe. Zu den letzten drei lest ihr mehr im Kapitel über die Dresscodes.

Nach oben ist der Anzugzahl keine Grenze gesetzt. Ich kenne Männer, die haben dreihundertfünfundsechzig im Schrank, aber eben auch das Glück, dass sie noch mehr im Portemonnaie haben.

DIE NO-GOS

Nicht ausziehen: Ein Anzug ist nur ein Anzug, wenn man ihn komplett trägt. Ein Anzugjackett wird also, hat man es einmal angezogen, nicht mehr ausgezogen. Nicht im Restaurant und nicht im Sonnenschein. Zwei kleine Ausnahmen gibt's: Bei einer öffentlichen, informellen Rede unter Freunden vor dem Brandenburger Tor und bei Fahrten im Auto, wenn man sich anschnallen muss. So vermeidet man, dass die Anzugjacke knittert.

Taschen voll: Die Außentaschen eines Anzugs geben dem Gesamtbild Struktur. Sie werden nicht zum Transport von Dingen verwendet. Nur das Einstecktuch darf links neben dem Revers spazieren getragen werden. Die Innentaschen sind Kredit- und Visitenkarten und Geldscheinen vorbehalten. Dicke Dinge wie Portemonnaies, Schlüssel oder Zigarettenschachteln haben in Anzugtaschen nichts zu suchen – weder im Jackett noch in der Hose. Im Zweifel muss die Handtasche unserer Begleitung herhalten. Oder man kommt einfach mal ein paar Stunden ohne sein Handy aus. In der Westentasche schließlich befindet sich eine Taschenuhr. Und tickt.

Keine Litfaßsäule: Markenschilder an den Ärmelenden müssen direkt nach dem Kauf entfernt werden. Sie sind nur dazu da, dass die Anzüge im Geschäft oder auf dem Transportweg schneller identifiziert werden können. Anzüge vom Maßschneider haben solche Stofffetzen gar nicht nötig. Und über Anzüge mit Aufdrucken muss ich kein Wort verlieren. Doch, eins: Die Fashion Police ist schon auf dem Weg.

IM RICHTIGEN ANZUG MACHT
JEDER MANN EINE GUTE FIGUR,
GANZ UNABHÄNGIG VON
SEINER KÖRPERFORM.

A MAN'S BEST FRIEND – DER BLAZER

Vorab eine kleine Begriffsklärung: Der Blazer ist ursprünglich ein Kleidungsstück für den Herrn gewesen, dann kamen die figurbetonten Damenblazer hinzu. Der Blazer ist ein Sportjackett. Das Sakko wiederum wird meist mit Hemd und Krawatte getragen, und als Oberteil eines passenden Unterteils, als Bestandteil eines Anzugs, nennt man es Jackett. Wenn ich das Jackett also ohne Anzughose und Weste trage, ist es ein Sakko. Alles klar? Bereit für meinen Twist?

Es macht mich schon ein bisschen stolz, dass mir immer mehr Männer begegnen und mich fragen: »Thomas, wie kann ich mich so anziehen wie du? Wie kriege ich deinen Stil?«

»Schätzelein«, sage ich dann, »den kannst du nicht kaufen. Die Sachen kannst du dir kaufen, aber den Stil musst du dir erarbeiten.«

»Ja, will ich.«

»Kauf dir die *Heritage Post*, da kannst du viel lernen.«

So verliefen die Gespräche bisher. Heute sage ich: »Kauf dir die *Heritage Post* und den *Fashion Rath*.«

Wobei, eins muss ich klarstellen: Es geht nicht darum, dass ihr als Double von mir herumlauft. Um Gottes Willen. Das möchte ja nun auch keiner. Jeder muss seinen eigenen Stil finden, entwickeln. Im Grunde hat es der Mann ganz einfach, zumindest einfacher als die Dame. Er kann fünf Tage in der Woche einen Businessanzug tragen. Mit Oberhemd und Krawatte. Outfit fertig. Und wenn die Arbeit keinen Businesslook vorschreibt, hat er noch mehr Freiheiten. Dann kann er an den Arbeitstagen schon mal für das Wochenende üben.

Dabei ist es am einfachsten, mit einem Blazer und einem Oberhemd zu beginnen. Für beides geht ihr zum Maßschneider. Diese beiden Basics müssen perfekt sitzen, und diesen Sitz garantiert nur der Fachmann. Lasst euch einen dunklen Blazer schneidern aus Baumwolle mit Black-Watch-Muster. Das ist ein klassisch-schottisches Karo mit schwarzen, grünen und blauen Streifen. Sehr zurückhaltend und darum gerade für den Anfang das Beste, was einem passieren kann.

ICH TRAGE ZU MEINEN BLAZERN IMMER EIN EINSTECKTUCH UND MEISTENS EINE SCHLEIFE AM HEMDKRAGEN. NATÜRLICH SIND AUCH KRAWATTEN ERLAUBT.

Der zweite Blazer, den ihr euch zulegt, ist einer für die kühleren Tage aus einem schönen Harris-Tweed, also aus dickerem Wollstoff, gerne mit Herringbone-Muster, mit eingewebtem Fischgrätenmuster. Ein Tweedblazer darf mit Patches an den Ellenbogen versehen sein. Man sieht sie immer wieder auf Bildern von Prinz Charles bei der Jagd, es sind ovale Aufnäher aus Leder oder Cord, die einen schnellen Verschleiß verhindern sollen.

Beide Blazer bilden zusammen mit einem weißen oder einem schön im Tattersall-Check karierten Maßhemd den klassischen Teil dieses Outfits. Aber sie müssen modern kombiniert werden, sonst wirkt das schnell ziemlich bieder. Dieser Falle entgeht der stilbewusste Mann, indem er meinen Twist ins Spiel bringt: eng geschnittene Bluejeans oder Chinos und einen tollen Schuh dazu. Sowohl ein Maßschuh als auch ein Sneaker, sowohl ein Budapester als auch ein Modell von Ludwig Reiter oder auch ein lässiger Leinenturnschuh wie der Converse All Star, im Volksmund Chuck genannt, kann da die richtige Wahl sein. Die Farben, gerade von Sneaker oder Chuck, dürfen im Laufe der Stilfindungsphase durchaus immer kräftiger bis hin zum deutlichen Farbklecks werden. Wie auch die Farbe des Blazers übrigens. Ich trage zu meinen Blazern auch immer ein Einstecktuch und meistens eine Schleife – eine Fliege – am Hemdkragen. Aber natürlich sind auch Krawatten erlaubt, und selbst ohne Binder am Hals kann so ein Outfit schon perfekt sein, es funktioniert aber nur bei Kent- und Button-Down-Kragen. Haifischkragen schreien geradezu danach, mit Krawatte getragen zu werden.

ZU SMOKING ODER FRACK TRÄGT MAN KEINE ÜBERKLEIDER.

Wenn es draußen frischer wird, wenn ich das Gefühl habe, ich könnte ein bisschen Bauch verstecken, oder einfach wenn mir danach ist, trage ich zwischen Hemd und Blazer sehr gerne eine Weste. Die darf samtig sein, aus Cord, mit Streifen oder Karomustern, mit abgesetzten Kanten und auch mit bunten Knöpfen. Sie ist ein vollkommen unterschätztes Kleidungsstück für den Herrn. Kauft Westen, liebe Herren, damit gehört ihr einer geheimen Kaste an, dem Klub der Männer mit Stil und Geschmack, die den Trends und Moden immer eine Nasenlänge voraus sind. Eine Weste sorgt zudem für aufrechte Haltung. Und die ist bei allen Stilfragen ausschließlich mit Ja zu beantworten. Ohne Haltung und Körpergefühl sehen auch die teuersten Stoffe aus wie Billigware aus Billiglohnländern.

Im Winter kommt ein großes Tuch als Schal über die Schultern, und schon ist Frieren kein Thema mehr. Zumindest bei kurzen Wegen. Für längere Strecken in der Kälte ist dann doch ein Mantel vonnöten.

Zu diesen beiden Must-haves gesellen sich alsbald ein paar feine Blazer aus Cord hinzu, die vor allem in kräftigen Farben frisch wirken. Sind sie braun oder beige und sitzen nicht perfekt, sieht Mann damit schnell aus wie der Oberstudienrat aus den Siebzigern. Damals war zwar in der Mode einiges los, nicht aber im Schrank des Schulbeamten. Dort hängt übrigens auch der früher so beliebte Leinenblazer in zahlreichen Ausführungen und mit von Pfeifen, Büchern und anderen wichtigen Lehrerutensilien wunderbar ausgebeulten Taschen. Ich verteufele ihn nicht, aber durch seine Knitteranfälligkeit und seinen Hang, speckig zu wirken, ist er nun mal kein Kleidungsstück für jeden Tag.

Die Farben, meine Herren, sind mit Mut, aber auch mit Vorsicht zu genießen und nicht unendlich kombinierbar. Ich empfehle, in einem Outfit maximal zwei starke Hauptfarben unterzubringen. Weitere Farben können sich versteckt in den Mustern wiederfinden, im Einstecktuch und an den Schuhen. Wer zu bunt herumläuft, wird schnell als Paradiesvogel abgestempelt, was häufig ungerechtfertigt ist, weil dieser Stempel von manchen Zeitgenossen eindeutig zu oft und vorschnell verwendet wird. Wer aber alles nur Ton in Ton trägt, wirkt trotz modischer Schnitte schnell altmodisch, spießig und schlicht wahnsinnig *boring*.

Mut muss sein, und Gespür zu haben empfiehlt sich ebenso. Beides kann man sich antrainieren. Wenn ich tagein, tagaus als

Anzugträger unterwegs bin, bietet ein marineblauer Schoolboy-Blazer, kombiniert mit einer modisch eng sitzenden Chino, einen guten und nicht zu harten Übergang zum Freizeitlook mit Blazer. Sein Schnitt ist klassisch, seine goldenen Knöpfe mutig und die Kombination macht den Twist.

Wie auch immer ihr es anstellt, das Wichtigste ist: Der Blazer muss sitzen. Er darf an Nacken und Rücken keine Falten werfen, wenn ihr ihn tragt. Er muss mindestens bis zum unteren Drittel der Pobacken reichen, und die Ärmel enden, wenn ich die Arme locker herabhängen lasse, unbedingt auf der Mitte des Handgelenks. Zwei-Knopf, Drei-Knopf, Einreiher, Zweireiher – das alles ist dann Geschmackssache und der persönlichen Vorliebe überlassen. Lässigkeit braucht eben Selbstbewusstsein – ohne es bleibt nur die Nachlässigkeit.

DER BLAZER MUSS SITZEN. ER DARF AN NACKEN UND RÜCKEN KEINE FALTEN WERFEN.

MANTELVERTRAG

Ein Gentleman, der Stil und Etikette schon mit der Muttermilch eingeflößt bekommen hat, kann auf all die Kleidungsstücke, die andere bei empfindlichen Temperaturen über dem Sakko tragen, gut verzichten. Selbst wenn er in die Bredouille gerät und bei einer Temperatur von minus zwanzig Grad an einer zugigen Bushaltestelle auszuharren hat, wird er das mit Anstand und Würde über sich ergehen lassen. Und zwar ganz ohne Mantel. Den anschließenden Krankenhausaufenthalt wegen Lungenentzündung wird er selbstverständlich als unvermeidliche Petitesse abtun.

Und doch: Gerade weil er sich in Stilfragen so gut auskennt, besitzt auch dieser Herr eine erkleckliche Auswahl an Überwürfen: Jacken, Mäntel und Co. Was Mann zuweilen gerne vergisst: Jacke oder Mantel gehören unbedingt zum Outfit dazu und sind nicht nur das, was man ohnehin gleich wieder auszieht. Denn dann wäre es eben nur konsequent, wenn man es gar nicht erst anzöge. Jacke oder Mantel müssen mit der übrigen Garderobe nicht nur harmonieren, sie sind ihr Aushängeschild. Also sollten sie auch immer perfekt sitzen. Sie sind schließlich das Erste, was die anderen von und an mir sehen.

Nun stellt sich die Frage: Mantel oder Jacke? Sie lässt sich eigentlich ganz einfach beantworten, auch wenn viele Männer das nicht wissen – immer dann, wenn ein Anzug getragen wird, heißt die Antwort: Mantel. Jacken in jedweder Form sind der Freizeit vorbehalten, Mäntel sind ein Muss, sobald es ums Business oder um förmliche Kleidung geht.

Für die Mantellänge gilt: je schmaler die Schultern, desto höher der Saum. Je höher wiederum der Saum, desto informeller der Trageanlass. Ein klassischer Wintermantel reicht bis zu Wade. Länger muss er heute nicht mehr sein. Mit einem aufsteigenden Revers ist er in seiner schlichten Eleganz sowohl fürs Büro als auch für den Theaterbesuch geeignet.

Wintermäntel gibt es mit Knopfleisten in Doppelreihe oder als Einreiher. Der eine unterstreicht den Elder-Statesman-Look, der andere die Jugend des Trägers. Bevor ich aber einen Wintermantel überziehe, sollte ich mir wieder eine Frage stellen: »Wie kalt ist es, und wie lange werde ich in der Kälte unterwegs sein?«

Steht kein Spaziergang auf dem Programm, kann ich selbst im strengsten Winter auf den dick wattierten Mantel verzichten. Die verschiedenen Schichten, ein schöner Schal, warme Kniestrümpfe, gefütterte Lederhandschuhe – und vielleicht eine adäquate Kopfbedeckung – reichen meist aus, um vor die Tür zu treten, ohne gleich zu den Erfrierungstod zu sterben.

Wenn es um gesellschaftliche Anlässe geht, gibt es zu Letzterem allerdings keine Alternative: Da muss Mann die Zähne zusammenbeißen und daran denken, dass es die Dame an seiner Seite noch schwerer hat. Denn zu Smoking oder Frack trägt man keine Überkleider. Bei Anlässen, die nach der hohen Schule der Herrengarderobe verlangen, reist man standesgemäß mit dem Taxi oder noch adäquater mit einer Limousine an, steigt aus dem Wagen und geht direkt ins Haus. Ohne Mantel spart man sich zudem die nicht wirklich standesgemäße Warterei in der Schlange an der Garderobe und: Man kann auch, falls nötig, schneller wieder flüchten, wenn man nicht noch auf die Herausgabe seines Mantels warten muss.

Was die Qualität anbelangt, so ist der Wintermantel natürlich aus Cashmere in Dunkelblau oder Schwarz oder aber aus feinem Kamelhaar, das man immer in seiner natürlichen Färbung belässt. Voll ausgestattet hat ein Wintermantel gerne auch einen Pelzkragen, allerdings sollte heute kein Tier dafür sterben müssen. Darum darf hier höchstens Vintage-Ware von Opa Alfred zum Einsatz kommen, oder man muss die Größe besitzen, darauf zu verzichten.

Ein weiterer Mantel für die kalte Jahreszeit ist der Pelzmantel. Einen solchen sollte man sich ebenfalls nicht neu kaufen. Den hat man als Erbstück, oder man kauft ihn im Vintage-Store. Beim Kürschner wird er im Zweifel so geändert, dass er unseren heutigen Modeansprüchen gerecht wird. Zum Beispiel dann, wenn der Saum unter dem Knie sitzt. Er gehört darüber. Für ganz lange Aufenthalte im Winter-Wonderland eignet sich ein Daunenmantel – mit echten Daunen. Auch dessen Saum befindet sich über dem Knie, zumindest in unseren europäischen Breiten.

COVERCOAT, TRENCHCOAT, AVIATOR-JACKE, BARBOUR-JACKE – WAS HABEN WIR MÄNNER ES GUT!

Für die Übergangszeit empfehle ich immer einen Covercoat, meinen absoluten Lieblingsmantel. Der Covercoat ist ein eher kurzer Mantel mit einer schmalen Silhouette und einer ebenso robusten wie eleganten Stoffbindung, die früher auch für Uniformen verwendet wurde, nämlich aus Twill. Ein echter Covercoat zeichnet sich zudem durch einen dreifach gesteppten Saum, eine verdeckte Knopfleiste und nicht zuletzt durch einen wunderschönen Samtkragen aus, der sich farblich ein wenig von der Farbe des Twills abhebt. Der Covercoat in Waldgrün hat einen dunkelgrünen Kragen, der cognacbraune einen dunkelbraunen und der anthrazitfarbene einen schwarzen Kragen. Wenn ich könnte, hätte ich alle drei Farbkombinationen im Schrank.

Tendieren die Temperaturen in der Übergangszeit eher in Richtung Sonnenschein und Frühlingsgefühle, ist die Zeit für den klassischen Trenchcoat gekommen. Erfunden wurde er unter anderem von Burberry als Regenmantel für die britische Armee am Ende des 19. Jahrhunderts. Damals für den Schützengraben gemacht, hat der Trench wie so viele Klassiker seinen Weg aus der Welt des Militärs in den Alltag gefunden.

JACKEN IN JEDWEDER FORM
SIND DER FREIZEIT VORBEHALTEN.
MÄNTEL SIND EIN MUSS, SOBALD
ES UMS BUSINESS ODER UM
FÖRMLICHE KLEIDUNG GEHT.

Ein echter Trenchcoat ist auch heute noch einer von Burberry: beigefarben, gleichermaßen robust und elegant und natürlich regenabweisend, doppel- oder einreihig geknöpft und immer mit einem Gürtel und den traditionellen Schulterklappen, den Tuchlaschen, an denen früher die militärischen Rangabzeichen festgemacht wurden. Einen solchen Trenchcoat kann man zur Not auch über dem Anzug tragen. Am besten passt er aber zu einem lässigen Outfit mit Bluejeans.

Was, ich habe es schon betont, nie und nimmer mit einem Anzug kombiniert werden darf, ist eine Jacke. Die Lederjacke nicht, die Jeansjacke nicht, die Wachsjacke nicht und schon gar nicht die Funktionsjacke. Wer morgens in der U-Bahn fährt, der sieht all die Herren der Schöpfung, die sich, weil es ja so praktisch ist, eine Funktionsjacke über den Anzug geworfen haben. Dabei sind diese Dinger, die die Deutschen so lieben, weil wir alles lieben, was irgendwie das Attribut »praktisch« verdient, überhaupt nicht kombinierbar, zu rein gar nichts. Finger weg von Funktionskleidung, sage ich. Ihre einzige Funktion besteht darin, dass sie durch ihren membranartigen Stoffaufbau aus Kunstfasern so gut wie nie verrotten wird. Das ist eine Unterfunktion und Umwelt- und Stilverschmutzung der schlimmsten Sorte. Stellen wir uns vor, wie sich in ferner Zukunft ein Archäologe oder ein Alien durch die deutsche Erde wühlt, um unsere Kultur zu erforschen: Er wird traurig feststellen, dass unsereins sich vor allem in Funktionsjacken gekleidet hat. Und vermutlich wird er diese Eigenschaft als Grund für unseren Untergang ermitteln.

Schade hingegen ist, dass er keine einzige Aviator- oder Fliegerjacke, die klassische Lammfelljacke schlechthin, finden wird. Sie wird in tausend Jahren längst wieder im Naturkreislauf verschwunden sein. Dabei wäre sie noch in zehntausend Jahren ein absolutes Muss in Sachen stilvoller Überbekleidung. Die Aviator-Jacke stammt, wie ihr Name verrät, aus den frühen Jahren der Fliegerei, als es in den Cockpits noch ordentlich zog und es im Flugzeug alles andere als wohltemperiert war. Heute trägt man dieses Schmuckstück zu Bluejeans oder Chinos. Ein fabelhaftes Freizeitoutfit für die kalte Jahreszeit. Im Frühjahr und Herbst tritt die Jeansjacke an ihre Stelle oder eine schöne, nur dünn gefütterte Bomberjacke aus braunem Vintage-Leder. Beide Jacken dürfen aber nur getragen werden, wenn sie wirklich *used* sind. Kauft man sie neu, muss man sie ordentlich malträtieren, damit sie zumindest so aussehen, als ob sie Geschichten aus der wilden Jugend erzählen könnten.

Die dritte im Bunde der wirklich tragbaren Jacken ist die Barbour-Jacke aus mehrfach gewachster dunkler Baumwolle. Man trägt sie in Wald und Flur, aber bitte nie im BWL-Seminar oder in der Jura-Vorlesung. Sie riecht schlimm – sieht aber sehr gut aus. *Very classic, very British.*

IM NAMEN DER HOSE

Eine Hose, liebe Männer, ist mehr als nur die Summe zweier Stoffschläuche, in die ihr eure Beine steckt. Sie ist mehr als die Verlängerung, die aus einem Sakko einen Anzug macht. Sie ist mehr als das Stück Kleidung zwischen Oberhemd und Schuhen. Eine Hose ist nicht zu unterschätzen.

Im Gegenteil, die Hose trägt maßgeblich dazu bei, ob ein Mann als eine Erscheinung wahrgenommen wird oder ob er nur vorbeihuscht. Sitzt sie perfekt, ist er eine Erscheinung, hält sie nur, kann Mann noch so erfolgreich sein – seine Außenwirkung hat dennoch etwas Nachlässiges.

Eine Anzughose muss unbedingt zum Sakko passen. Eine Tuchhose hingegen muss nicht immer die gleiche Farbe haben wie das Sakko. Den marineblauen Blazer kann man prima mit einer grauen Flanell- oder einer beigefarbenen Stoffhose kombinieren. Die Wächter über die heilige Kleiderordnung im Büro könnten sich hierbei zwar dazu hinreißen lassen, den Träger einer solchen Kombination zur Raison zu rufen – denn genau genommen handelt es sich dabei nicht mehr um einen Anzug –, aber so viel Mut darf man schon einmal aufbringen. Und je näher der Casual Friday rückt, je legerer es im Büro zugeht, desto eher kann man das strenge Farbkorsett auch mal ablegen. Man muss es nur bewusst tun. Mit Schwung die Frankfurter Drehtür passieren, der Empfangsdame herzlich zunicken: »Guten Morgen, die Dame«, und aufrecht stehend auf den Aufzug warten. Keiner wird sich beschweren, niemand wird widersprechen, weil das Gesamtpaket einfach stimmt.

Frauen, meine Herren, stehen auf Männerbeine. Zumindest viele von denen, die ich kenne. Denn eure Beine machen euch schnell, auf denen lauft ihr, sie machen euch sportlich. Es gibt weit mehr sportlich-muskulöse Männerbeinpaare auf der Welt als Oberkörper mit Sixpack. Und so gut wie jedes Bein endet oben mit dem Po. Auch für den haben Frauen etwas übrig und riskieren durchaus einen Blick. Sie gucken euch ebenso auf den Hintern wie ihr ihnen, nur dass die holde Weiblichkeit, wenn ihr ein Hintern gefällt, nicht unbedingt gleich an eine Affäre denkt. So einfallslos sind nur wir Männer. Die Damen trauen dem Mann mit sportlichen Beinen und wohlgeformtem Hinterteil hingegen viel mehr zu. Er wirkt auf sie beruhigend, anziehend und erfolgreich. Und da der Teufel immer auf den gleichen Haufen scheißt, führt Erfolg zu noch mehr Erfolg. Die richtige Hose ist also ein guter Anfang. Wie die Chromleisten den Oldtimer adeln, hebt eine passgenaue Hose die sportliche-elegante Silhouette eines Mannes hervor.

Jenseits der berufsbedingten Kleiderordnung plädiere ich für Lässigkeit, wenn man dabei nicht nachlässig ist. Denn auch wenn Herrenausstatter und Kaufhäuser eine sehr große Auswahl an Hosen anbieten, sollten wir uns hüten, sportliche Eleganz mit Jugendwahn zu verwechseln.

Es gibt seit ein paar Jahren zu unserem großen Glück viele Herrenhosen, die weder ein Klon der klassischen Anzughosen sind, noch mit englischen Sprüchen bedruckte Beinkleider aus Jeansstoff. Chinos erleben zu Recht eine Renaissance. Ihr Stoff wird in der gleichen Webtechnik hergestellt wie der Denimstoff der Bluejeans. Sie hat also einen ähnlich perfekten Sitz. Am Anfang tragt ihr sie in Beige und Khaki, wer dann auf den Geschmack gekommen ist und sich traut, der kann auch gerne zu Modefarben greifen. Das wichtigste bei der Chino aber ist die Größe, die Weite. Sie darf nicht schlabbern. Bequem bedeutet nicht »mit Gürtel hält die dann schon«. Die Chino muss auch ohne Gürtel lange halten. Aber das probiert bitte nur zu Hause – eine Hose ohne Gürtel ist wie ein Fuß ohne Schuh. Zu Hause prima, draußen eine Verfehlung.

Chinos sind, wie die Bluejeans, für alle vier Jahreszeiten keine schlechte Wahl. Wenn es kalt ist, kommt eine Wollhose in Frage. Die sitzt in der Regel etwas weiter, weil sie auch nicht so stretchfähig ist. Eine Wollhose sollte man nicht jeden Tag tragen – sie bildet einerseits Knötchen, andererseits kann der Stoff im Schritt durch die dauernde Bewegung mit der Zeit deutlich dünner werden. Also lieber zwei Wollhosen kaufen und abwechselnd tragen. Eine Baumwollhose, eine Chino oder auch die Bluejeans machen, wenn sie eng sitzen, jede Bewegung mit. Wolle kann das nur bedingt.

> WIE DIE CHROMLEISTEN DEN OLDTIMER ADELN, HEBT EINE PASSGENAUE HOSE DIE SPORTLICH-ELEGANTE SILHOUETTE EINES MANNES HERVOR.

Von kalt noch einmal zu heiß: Wer im Sommer oder im Urlaub auf den Malediven kurze Hosen tragen will, der hat nur eine Möglichkeit: Bermudashorts. Auf den Bermudainseln gehören sie zur Businesskleidung, werden mit Kniestrümpfen, Oberhemd und Krawatte getragen. Sie sind also keineswegs bunt und weit, sondern schlicht, meist aus Anzugstoff und am Saum umgeschlagen. Egal ob die originalen Bermudashorts oder die modischen, wie wir sie kennen, sie enden alle immer kurz oberhalb des Knies.

Wenn es etwas mehr sein soll, dann wird es unbedingt wieder eine lange Hose. Die kann ich an den Beinen ein paarmal lässig umschlagen, aber nur so weit, dass sie noch locker sitzen und nicht schon am Unterschenkel kleben. Ein kleines bisschen Salzwasser von den Wellen am Strand schadet weder der Hose noch dem Männerbein.

WER IM SOMMER ODER IM URLAUB KURZE HOSEN TRAGEN WILL, DER HAT NUR EINE MÖGLICHKEIT: BERMUDASHORTS. SIE ENDEN IMMER KURZ OBERHALB DES KNIES.

Als lange Hose im Sommer empfehle ich eine Baumwollhose, die auf der Hüfte sitzt. Die sind heute gefragter denn je. Eine sehr schöne Entwicklung, finde ich, weil sie Sportlichkeit ausstrahlt und man sie gleichzeitig mit schlichter Eleganz verbindet, genau so, wie wir das lieben. Meist sind diese Hosen sehr eng geschnitten, röhrenartig, sodass man sich als Mann trauen muss, hineinzuschlüpfen. Um nicht mit euren pubertierenden Söhnen verwechselt zu werden, kombiniert ihr sie, wie jede andere Hose auch, mit einem Sakko vom Maßschneider. Dann habt ihr nicht nur die Blicke, sondern auch die Damen auf eurer Seite, und zwar nicht nur auf Beinen und Hintern. Musternde Blicke sind übrigens nicht per se kritisch. Wenn euch eine Frau hinterherguckt, will sie euch nichts Böses. Im Gegenteil. Wenn sie mit ihrer besten Freundin zu lachen beginnt, dann bedeutet das: Ihr habt alles richtig gemacht. Jetzt dürft ihr euch nur nicht verunsichern lassen und denken: »Die lacht über mich.« Nein, sie lacht mit ihrer Freundin, weil sie sich freut. Dreht euch um, zeigt ein Lächeln, und weiter. So geht das.

Apropos so geht das, hier folgen die absoluten No-Gos in Sachen Beinkleider für den Herrn:

SCHWARZE JEANS

Eine Bluejeans ist blau. Punkt. Da gibt es keine Diskussion. Für andere Farben sind andere Hosen zuständig.

DREIVIERTEL- ODER DREIFÜNFTELHOSEN

Entschuldigung, wenn ich das so deutlich sage, aber solche Hosen gehören verboten. Entweder kurz, dann sieht man die Knie, oder aber lang bis zum Knöchel. Hosen, die dazwischen enden, lassen die Beine wie Kartoffelstampfer wirken. Die will keiner haben, und die will auch keiner sehen.

WORKERS ODER CARGO STYLE

Wir sind zwar alle Bauarbeiter unseres Lebens, aber sogenannte Workers oder Cargo-Style-Hosen sind keine Stilart, sondern ein absoluter Fehlgriff: Hunderttausend Taschen, darunter mindestens eine für den Zollstock und eine Schlaufe für den Hammer. Wenn ihr solche Hosen tragt, müsst ihr auch Zollstock und Hammer mitführen. Das ist Arbeitskleidung, die dahin gehört, wo man sie braucht, und sonst nirgends. Auch wenn sie mit ihren vielen Taschen noch so praktisch erscheint. Es rennt ja draußen auch keiner im OP-Overall rum, bloß weil der so schön hygienisch ist.

GUT IM STOFF

Jedes Hemd, jeder Anzug, überhaupt jedes Kleidungsstück, so sagt man, ist mehr als nur die Summe seiner Nähte. Will heißen: Es ist nur so gut wie der Stoff, aus dem es geschneidert wurde. Daher ist ein kleines Brevier der wichtigsten Hemden- und Anzugstoffe für einen modekundigen Herrn unerlässlich. Neben der Qualität der Garne ist auch die Webtechnik ein entscheidender Faktor für ein wirklich hochwertiges Tuch. Heute werden sehr viel leichtere Stoffe verwendet als früher, denn auf der Arbeit haben wir es genau wie zu Hause inzwischen mollig warm und benötigen keinen dicken Anzugstoff, der zusätzliche Wärme spenden muss.

Egal zu welcher Jahreszeit, einige Grundregeln gelten immer: Synthetikfasern im Anzugstoff sind ein absolutes No-Go. Die Beimischungen, die der Wolle an Kunstfasern hinzugegeben werden, sollten – wenn überhaupt – fünf Prozent nie überschreiten. Diese fünf Prozent sind nützlich, sie steuern dem Knittereffekt ein wenig gegen. Aber Obacht beim Anzugfutter: Das ist gerne mal komplett synthetisch. Finger weg, sage ich.

Mein erster Blick gilt daher dem Etikett: Je höher der Schurwolleanteil, desto besser, je weicher, desto hochwertiger. Die Qualität von Stoffen kann man fühlen. Vergleicht einfach mal im Kaufhaus teure und billige Anzugstoffe und macht die Probe aufs Exempel. Nach ein paar Versuchen könnt ihr das schon blind.

Auch für den Kauf eines Hemdes gilt: immer aus der Hülle nehmen, wenn es schon kein Maßhemd ist, und die Qualität des Stoffs prüfen. Die Anprobe ist, wie gesagt, ein Muss, wobei man misstrauisch sein sollte, wenn das Hemd beim ersten Tragen zu perfekt passt, Hemden laufen nämlich gern beim Waschen ein, das kann am Arm schon einen guten Zentimeter ausmachen. Bei Hemden bin ich dem Synthetikanteil gegenüber etwas aufgeschlossener. Gerade moderne Qualitäten mit Stretch sind aus purer Natur nicht herstellbar. Aber dennoch: Was die Stoffproduzenten aus natürlichen Fasern für unglaubliche Qualitäten herstellen, habe ich in meinem B bis T der wichtigsten Hemdenstoffe zusammengetragen:

BAUMWOLLFLANELL

Recht *casual* kommt der Baumwollflanell daher, ein weicher, etwas kräftigerer Stoff für Freizeithemden.

FIL À FIL

Faden an Faden klingt im ersten Moment nicht wirklich edel, und doch: Auf Französisch Fil à fil genannt, bekommt der Hemdenstoff schon ein ganz anderes Image. Diese Stoffe erkennt man an den Farbsprenkeln, die beim Weben durch einen Farbwechsel in der Kette entstehen, wenn ein, zwei unterschiedlich gefärbte Kettfäden sich abwechseln.

OXFORD

nennt man eine eher grobe Webart, die im Ergebnis ebenso weiche wie strapazierfähige Hemdenstoffe produziert. Bei Hemden dieser Art werden gefärbte und ungefärbte Stoffe miteinander kombiniert und taugen durch die Schwere des Materials eher als Freizeithemd in den kühleren Jahreszeiten.

ROYAL OXFORD

heißt die getunte Version des klassischen Oxford. Hier verwendet man feinere Fäden, und das Hemd bekommt einen weicheren Griff.

PINPOINT

ist eine Kreuzung aus Popeline und Oxford. Edle Baumwolle wird dabei mit einem gefärbten Kettfaden verwebt. Damit wird er etwas edler als Oxford, aber fracktauglich sind Hemden aus diesem Stoff nicht wirklich.

POPELINE

Ganz im Gegensatz zur Popeline. Wer hier genau hinschaut, kann im Stoff feine Querrippen erkennen, die sich aus der Kombination von sehr feinen Kettfäden und etwas stärkeren Schussfäden ergibt. Popelinehemden lassen sich bei jedem gesellschaftlichen Anlass tragen, auch mit Frack.

SEA ISLAND COTTON

ist der Stoff, aus dem Hemdenträume gemacht werden. Es ist die teuerste Baumwollqualität auf dem Markt.

TWILL

wird auch Köperbindung genannt und ist neben der Leinwand- und der Atlasbindung eine der drei Grundbindungsarten für Webstoffe.

CAVALRY TWILL

hat eine Diagonal-Struktur, wie man sie von Chinos kennt. Die leicht schimmernde Optik des Cavalry Twill verleiht besonders einfarbigen Hemden einen interessanten Akzent.

SYNTHETIKFASERN IM ANZUGSTOFF
SIND EIN ABSOLUTES NO-GO.
JE HÖHER DER SCHURWOLLANTEIL,
DESTO BESSER, JE WEICHER,
DESTO HOCHWERTIGER.

LACK AN DIE SCHUHE

Mit Sicherheit habt ihr euch schon ein paarmal darüber geärgert, dass die Herrenabteilungen in den Schuhhäusern mindestens um ein Dreiviertel kleiner sind als die Abteilungen für Damenschuhe. Diesen Frust könnt ihr euch zukünftig sparen. Herrenschuhe müssen dort nicht gekauft werden. Denn für einen Schuh braucht man einen Schuhmacher.

Oft werde ich gefragt: »Ich habe Größe 45. Thomas, welcher Schuh ist der richtige?«

Das erste Maß eines Kleidungsstücks, das ein Kind in Deutschland lernt, ist die Schuhgröße. Leider ist es oft auch das einzige. Für die Wahl des richtigen Schuhs ist die Länge des Fußes tatsächlich ein wichtiges Kriterium. Im Kaufhaus werden die Treter ja sogar nach ihrer Größe sortiert. Ein richtiger Schuh muss aber in mehrfacher Hinsicht passen: Zum Fuß, zum Outfit, zum Anlass.

PASST ZUM FUSS

Hier ist die Schuhgröße, also die Fußlänge, ebenso wichtig wie die Fußbreite und die Fußhöhe. Wer einmal einen Schuh beim Schuhmacher hat anfertigen lassen, staunt, was der im Vorfeld so alles misst. Für den Maßschuh gilt dasselbe wie für den Maßanzug: je besser er sitzt, desto weniger spüre ich ihn beim Tragen. Daher ist die Anprobe beim Kauf im Schuhhaus umso wichtiger. Es ist zwar ein Zeichen von Tapferkeit, wenn man sich Blasen läuft und sie ignorieren kann. Es ist aber mitunter auch das Zeichen für einen Fehlkauf.

PASST ZUM OUTFIT

Die alte Formel »Anzugfarbe ist gleich Schuhfarbe« gilt nur bei Schwarz. Und da wir schwarze Anzüge nur auf Beerdigungen tragen wollen, oder wenn es der Dresscode zwingend vorschreibt, ist dort ein schwarzer Schuh unerlässlich.

Zu anthrazitfarbenen und dunkelblauen Businessanzügen passt nur ein dunkelbrauner Schuh. Das kann ein Budapester sein, ein Fullbrogue oder ein Chelsea-Stiefel, also in jedem Fall ein klassischer Lederschuh mit Ledersohle.

Budapester Schnürschuhe sind rahmengenähte Maßschuhe mit Lochverzierungen und einer relativ breiten Spitze. Sie sind optisch eng verwandt mit dem Fullbrogue, nach dem die Lochverzierungen benannt sind. Der Fullbrogue ist in seiner Gesamtform schlanker und passt hervorragend zu schmal geschnittenen Anzügen. Der Chelsea-Stiefel, der auch gern Beatle-Boot genannt wird, ist ein Lederschuh mit halbhohem Schaft ohne Schnürung. Um ihn anziehen zu können, hat er im Schaft rechts und links einen Einsatz aus Gummigewebe. Ein Chelsea-Stiefel hat keine Lochverzierung – wohl aber auch eine Ledersohle. Wegen seiner Höhe wird er gern in den kalten Jahreszeiten zum Businessoutfit getragen.

Zum Leinenanzug im Sommer passen auch hellbraune Lederschuhe, ebenso zur Bluejeans oder Chino. Letztere können natürlich auch gerne mit einem farbenfrohen Sneaker, einem Converse Chuck oder mit Loafern kombiniert werden. Hier wird der Schuh zum Twist des Outfits. Ob so ein Outfit passt, entscheidet immer der Anlass.

PASST ZUM ANLASS

Immer wenn wir von Kleiderordnung oder Dresscode sprechen, sprechen wir auch von Schuhen. Gerade bei gesellschaftlichen Anlässen sind schwarzer Budapester oder Fullbrogue geboten, denn dann tragen wir ja mitunter unseren schwarzen Anzug. Reicht der laut Einladung nicht aus – werden also Smoking oder gar Cutaway oder Frack verlangt –, reduziert sich die Auswahl des Schuhmodells. Zu Smoking und Cutaway wird ein schwarzer, glänzend polierter Oxford getragen, ein Schnürschuh ohne Lochverzierung mit einfacher Ledersohle. Der Frack braucht Lack. Und zwar zwingend. Ebenfalls am Oxford oder auch am Loafer. Wichtig ist, dass er nicht nur tiefschwarz glänzt, sondern regelrecht spiegelt.

Ist der Anlass kein gesellschaftlicher und kommt auch die Businesskleiderordnung nicht zur Geltung, kann ein Mann beim Schuh mutig werden. Aber nicht, ohne Tradition und guten Geschmack zu beachten. Bequeme Sneaker passen zur Einkaufstour durch die Innenstadt, zum Reisen oder zum Kneipenabend. Bei diesen drei Beispielen ist aber auch ein klassischer Wildlederloafer angebracht. Er ist nicht ganz so modern wie ein Sneaker, aber auch ungemein bequem.

PASST INS SCHUHREGAL

Ein Mann besitzt mindestens ein Paar Maßschuhe. Ein dunkelbrauner Budapester fürs Büro macht den Anfang, dann folgt ein schwarzer Oxford für die gesellschaftlichen Anlässe. Noch besser wäre natürlich, von jedem Paar zwei zu besitzen, denn ein Maßschuh braucht nach jedem Einsatz einen Tag Ruhe. Da

OXFORD

CHELSEA

MONK

FULLBROGUE

konzentriert er sich, in Form gebracht mit einem Zedernholz-Schuhspanner, ganz auf seine Passform.

PASST DER FASHION POLICE NICHT

In den seltensten Fällen muss ein Schuh zum Wetter passen. Maximal bei der Jagd oder anderen Tätigkeiten in Wald und Flur. Für solche Aktivitäten gibt es im Fachhandel genau die richtigen Stiefel. Im Schuhregal hat ein Allwetterschuh mit Aktivsauerstoffsohle in fröhlichem Aschgrau neben Oxford und Fullbrogue nichts verloren. Und am Fuß schon gar nicht.

Wie die Damen das Laufen mit Absätzen lernen müssen, müssen auch Herren das Laufen mit Ledersohle lernen. »Ich rutsche aus« kann ich als Begründung für Lederschuhe mit Gummisohle nicht durchgehen lassen. Da kann ich überhaupt keine Entschuldigung gelten lassen. Lederschuhe mit Gummisohle rufen nach der Fashion Police. Und der stehe ich nie im Wege. Erst recht nicht, wenn sie auf der Jagd nach Flip-Flops außerhalb von Sandstränden und Badeanstalten unterwegs sein muss. Nur dort gehören die nämlich hin. Noch schlimmer als diese ewigen Touristenschläppchen sind allerdings Adiletten und Ledersandalen. Beide gehören ohne Wenn und Aber in die Tonne. Da sehen sie am besten aus.

EIN RICHTIGER SCHUH MUSS IN MEHRFACHER HINSICHT PASSEN: ZUM FUSS, ZUM OUTFIT, ZUM ANLASS.

SOCKENPEST

Klären wir zunächst den Unterschied zwischen Socke und Strumpf, denn es gibt ihn durchaus, auch wenn beide Begriffe oft synonym verwendet werden: Die Socke reicht nur bis zum Knöchel, ein Strumpf hingegen unbedingt bis zum Knie. Die Socke tragen wir bei sportlicher Aktivität und dem zugehörigen sportlichen Outfit – sonst nicht.

Der Strumpf ist die erste Wahl in allen anderen Lebenslagen, und ja, auch im Sommer, wenn es warm ist. Es gibt Alternativen, aber keine davon bedeutet, dass wir sommerliche Loafer, Leinenschuhe oder Sneaker gänzlich ohne Socken tragen. Barfuß stecken wir nur in Espadrilles. Ansonsten helfen wir uns mit Füßlingen, die es nicht nur in Dunkelblau oder Schwarz gibt, sondern auch in allen anderen Farbabstufungen passend zum gewählten Schuh. Diese Söckchen schützen den Fuß und vor allem den Schuh. Man darf Füßlinge aber unter keinen Umständen zu groß kaufen, denn sie haben im Verborgenen zu wirken und dürfen nicht einmal im Ansatz sichtbar sein!

Ob Socke, Strumpf oder Füßling: Getragen werden können sie nur in geschlossenen Schuhen, eine Sandale mit Socke ist das heimliche Erkennungszeichen des deutschen Urlaubers im Ausland und löst bei mir, wann immer ich so etwas sehe, den dringenden Wunsch aus, eine andere Staatsbürgerschaft anzunehmen. Ganz ehrlich: Ich schäme mich fremd in solchen Albtraum-Momenten, die leider noch immer viel zu oft Wirklichkeit werden.

Im Kleiderschrank eines Mannes finden sich unzählige schwarze Socken. So viele, dass er die passenden Paare nicht mehr zusammenstellen kann und darum ständig neue kauft. Er fürchtet, in der morgendlichen Eile zwei unterschiedliche schwarze Socken anzuziehen. Aber keine Angst: Es gibt auch farbige Herrenstrümpfe, und man darf sie tragen. Mit Karo- oder Streifenmuster oder schlicht einfarbig. Wer von den schwarzen Socken wegmöchte, muss nicht gleich seine Anzüge in die Tonne kloppen: Zum dunkelblauen Anzug gibt's erst einmal einen dunkelblauen Strumpf, gleiches gilt für Grau zu Grau, Anthrazit zu Anthrazit. Bis sich die Strumpffarbe irgendwann immer weiter von der des Anzugs entfernt.

Bei allen Strümpfen, den schwarzen wie den farbigen, gilt die Regel: zur Anzughose Kniestrümpfe. Nichts ist unangenehmer, als wenn zwischen der schwarzen Socke und dem Hosenbein in Anthrazit weißes, behaartes Wadenfleisch durchblitzt. Dann schauen die Gesprächspartner nämlich komisch, und man denkt beschämt, man hat schon wieder zwei unterschiedliche Socken an. Iwo! Viel zu kurz sind sie!

DIE SOCKE REICHT NUR BIS ZUM KNÖCHEL, EIN STRUMPF HINGEGEN UNBEDINGT BIS ZUM KNIE.

Da zeigt Mann im falschen Moment Bein. Das sollte er lieber am Strand tun. Oder auf dem Tennisplatz. Dort – und wirklich nur dort – sind Tennissocken erlaubt. Außerhalb von Wimbledon und Roland Garros will ich keine einzige weiße Socke sichten. Und wenn sie fünfmal von Lacoste ist. Weiße Socken sind für Tennisspieler. Ja, und für Malergesellen und Klinikpersonal, zugegeben. Weiße Socken sind eben auch Berufsbekleidung und hoffentlich in Zukunft kein Erkennungsmerkmal mehr für den deutschen Mann im Ausland. Das wünsche ich mir.

Daran müssen wir arbeiten. Ich glaube euch, liebe Herren, dass ihr keine weißen Socken tragt und auch im Urlaub noch nie welche getragen habt. Aber irgendwer muss sie ja tragen. Und es kann nun mal nicht nur ein einzelner Mann auf Malle sein, dafür hat sich dieses Horrorbild schon zu tief in unser kollektives Gedächtnis eingebrannt. Wie auch immer es passieren konnte, wir müssen dagegen angehen. Mit Stil, Klasse und Selbstwertgefühl. Und mit karierten Strümpfen. So wird's was.

OB SOCKE, STRUMPF ODER
FÜSSLING – GETRAGEN WERDEN SIE NUR
IN GESCHLOSSENEN SCHUHEN.

HÄNGEPARTIE

Jetzt reden wir über die Wäsche. Doch zuerst noch dies, und wir hatten das schon einmal: Ein Mann ist ein Mann, wenn er agil und fit ist, wenn er selbstbewusst und aufrecht durchs Leben geht. Dann vermittelt er dieses so ungemein anziehende Gefühl der breiten Schulter, an die sich die Frau anlehnen kann, wenn sie denn möchte. Es ist für eine Frau immer gut zu wissen, dass breite Schultern in der Nähe sind, denn zur Emanzipation gehört eben auch, dass sie sich anlehnen darf, wenn sie das braucht und selbst bestimmt. Insofern ist es, unabhängig von der Wahl der Kleidungsstücke, für einen Mann wichtig, dass er *in shape* ist, in Form. Das soll nicht heißen, dass er sich ein Sixpack antrainieren muss. Es heißt schlicht und ergreifend, er soll ein Gefühl für seinen Körper haben. Hat er Übergewicht und leidet nicht darunter, geht ein Mann selbstbewusst damit um. Die Extrakilos gehören zu seiner Persönlichkeit. Wenn er sich damit nicht wohlfühlt oder wenn der Arzt sagt: »Weg damit!«, dann muss er abnehmen. Ich habe einen Freund, der sicher hundertfünfzig Kilo auf die Waage bringt, und natürlich hat er einen Bauch, aber meine Großmutter hätte gesagt: »Was für ein stattlicher Mann!« Und seine Frau sagt: »Ich kann ihn mir gar nicht anders vorstellen.« Denn er ist nicht nur gut gekleidet, sondern trotz seiner Leibesfülle sehr beweglich und hat eine Stimme, die überall Gehör findet. Er ist eine Erscheinung, Konfektionsgröße hin oder her. So einfach ist das. Selbstbewusstsein ist eben sehr förderlich, wenn ein Mann sich stilvoll kleiden will.

Bei der Wäsche ist zu beachten: Je stilvoller und passender sie ist, desto selbstbewusster kann ihr Träger auftreten. Stil generieren statt sich genieren, ist hier das Motto, liebe Freunde.

Für den Wäschekauf gilt zunächst: Es ist nichts Schlimmes dabei. Wir Männer müssen das nicht den Frauen überlassen. Bei der Wäsche beginnt der Stil. Wer sich vor dem Wäschekauf drückt, weil er sich beim Slipshoppen so geniert wie Pierre Richard im Film ... *und jetzt das Ganze noch mal von vorn ...*, der hat irgendeine Baustelle mit sich selbst, die er erst einmal wieder zuschütten muss. Entweder er tut was dagegen, oder er muss sein Fettpölsterchen selbstbewusst hinnehmen und davon überzeugt sein, dass es nun einmal da ist und zu ihm gehört. Dann kann er es auch gerne verstecken. Nicht unter Umhängen oder Kleidungsstücken, die ein paar Nummern zu groß sind und an ihm herabfallen wie einstürzende Neubauten, sondern unter der richtigen Wäsche.

Am besten lässt sich das mit Shapewear bewerkstelligen. Sie ist der Beulendoktor der Mode. Als Unterhemd modelliert sie eine sportlichere Figur oder bringt zumindest die Pölsterchen in Form, und als Unterhose macht sie aus jedem Hängepo einen knackigen Blickfang. Die kann ich auch als Mann prima tragen, denn durch den Shrinkeffekt geben diese Teile ein wunderbares Tragegefühl. Mein Oberkörper und meine Lendenpartie werden gestützt, und damit verbessert sich auch meine Haltung.

Erfunden hat diese kleinen Straffer eine Frau namens Sara Blakely aus Florida in den USA, und wie es sich für eine gewiefte Businessfrau gehört, hat sie sie auch gleich patentieren lassen. Wie ein Lauffeuer verbreitete sich die frohe Kunde von *Spanx* – so der Name ihrer Produktlinie – zuerst in den Vereinigten Staaten und inzwischen auch in Europa. Heute ist Sara Milliardärin und macht den Löwenanteil ihres Umsatzes immer noch mit Shapewear für Frauen.

Seit 2010 aber gibt es die Herrenkollektion, und von der dürfen wir uns ein paar Teile leisten, meine Herren. Ja, ich lasse mich sogar dazu verführen, zu sagen, dass ein paar Teile aus Saras Herrenkollektion ein unbedingtes Muss in jedem Kleiderschrank darstellen. Übrigens: Ich bekomme keinerlei Prozente von Sara.

Viele andere Firmen zogen nach, und auch herkömmliche Unterwäsche hat mitunter inzwischen eine Shapefunktion dank moderner Stoffqualitäten mit Kunstfaseranteilen.

Für mich beschränkt sich Herrenwäsche, wenn man einmal von einem unter dem Oberhemd verborgenen formgebenden T-Shirt absieht, eigentlich auf ein einziges Teil: die Unterhose. Verzichtet auf Unterhemden oder Muskelshirts. Die sehen nur an jungen, durchtrainierten Herren gut aus, die im Sommer dann auch kein Hemd darüber tragen und im Zweifel vor einer Filiale von Abercrombie und Fitch als personifiziertes Sendungsbewusstsein der Marke posieren. Wobei diese Männer dann nicht mit Stil und Geist in Erscheinung treten, sondern nur mit ihrem Körper überzeugen wollen. Das ist *nice to see* und schön für den Moment, auf Dauer aber genügt das wohl niemandem von uns.

Nun hat man schon davon gehört, dass der ein oder andere Mann eine ausgeprägte Neigung zur Transpiration hat. Dann, aber auch nur dann, macht ein T-Shirt als Unterhemd Sinn, denn es erfüllt einen Zweck. Und das gerade auch bei sommerlich warmen Temperaturen: Das T-Shirt kann den Schweiß aufnehmen, und das Oberhemd bekommt keine dunklen Flecken von zu viel Körperfeuchtigkeit. Aber auch hier gilt zu beachten: Es ist wichtig, dass das T-Shirt einen tiefen V-Ausschnitt hat und

BEI DER WÄSCHE IST ZU BEACHTEN:
JE STILVOLLER UND PASSENDER SIE IST,
DESTO SELBSTBEWUSSTER KANN IHR TRÄGER
AUFTRETEN. STIL GENERIEREN STATT SICH
GENIEREN, IST HIER DAS MOTTO.

aus einer dünnen Stoffqualität ist, damit es sich unter dem Oberhemd nicht abzeichnet oder gar durchdrückt.

Doch jetzt zur Unterhose: Auch hier gibt es eine Vielzahl von Modellen und Schnitten mit einer noch größeren Vielzahl von Namen und Bezeichnungen: Jock, Slip, Panty, Boxer, Brief, Boxer brief, Brief Pant, Retro Boxer, Retro brief ... Manchmal habe ich das Gefühl, dass jeder Wäscheproduzent eigene Produktbezeichnungen erfindet, damit nirgends das Wort Unterhose auf der Verpackung stehen muss. Warum eigentlich? Aber wie dem auch sei: Das A und O einer Unterhose ist ihre Passform, der richtige Sitz. Damit ihr keinen Fehler macht, gebe ich euch drei grundlegende Tipps zur Wäsche:

LIEBER ZU ENG ALS ZU WEIT

Eng könnte zwar kneifen, aber eine hochwertige Unterhose sitzt so perfekt, dass keine Haut eingeklemmt werden kann, nirgends. Es sei denn, es ist was im Weg. Dann kann es aber auch das falsche Modell sein.

PANTYPARTY

Ich empfehle sportlichen Männern den eng anliegenden Slip, der auch Brief genannt wird. Allen anderen eine Panty. Das ist ein eng anliegender Slip mit kurzen Beinchen. Es gibt sie auch mit längeren Beinen, bis hin zur langen Unterhose. Welche Länge man wählt, ist am Ende Geschmackssache und auch eine Frage des Stoffs. Aber eng anliegend muss sie immer sein. Ohne Ausnahme.

BOXENSTOPP FÜR BOXERSHORTS

Was ihr mit den weiten Boxershorts machen könnt, fragt ihr euch jetzt? Die dienen fortan bitte nur noch als Pyjamahose, gern auch an der Frau eures Herzens. Als Unterhosen aber sind sie gänzlich ungeeignet. Ihre Stoffmassen zeichnen sich durch jede Hosen ab, und alle Welt weiß, ob du Links- oder Rechtsträger bist.

Nun mögt ihr zu Recht sagen, jeder dieser drei Tipps ist ein mehr oder minder offenes Plädoyer für hautenge Unterhosen. Ich weiß, dass es Männer gibt, die glauben, sich mit solcher Unterwäsche eingeengt und unfrei zu fühlen. Was ich aber auch und vor allem weiß: Mode ist kein Wellnessprogramm.

Ihr könnt euer Gehänge ruhig frei baumeln lassen, aber dann wissen alle gleich, woran sie sind. Ist es jedoch gut verpackt, habt ihr es auch besser unter Kontrolle. Das kann ja auch mal hilfreich sein. Auf der sichersten Seite ist übrigens, wer Pants mit Balletttänzereinlagen trägt, also solche mit einem sogenannten Suspensorium, einer kleinen Silikonschale, die alles Wichtige in eine gute Form bringt. Ganz ohne Hängepartie.

CHECKHEFT

Der Kleiderschrank eines Mannes darf ebenso viel Raum einnehmen wie der einer Frau. Muss aber nicht. Zumindest nicht am Anfang einer Stilkarriere. Da kann es sogar sein, dass Mann weniger Platz im Schrank braucht als vorher. Der Moment, in dem ein Mann entscheidet, sich fortan besser zu kleiden, sorgt in der Regel erst einmal für erheblichen Nachschub bei den Altkleidersammelstellen. Denn das Mantra »viel kann weg« ist so etwas wie ein Grundgesetz für den Neuanfang in Sachen stilvoller Schrankausstattung. Und ist man erst einmal über den Punkt hinweg, sich von seinen schwarzen Band-T-Shirts von Metallica und Co. zu trennen, um nicht beim nächsten Konzert so schrecklich bemüht locker auszusehen, wie ein Kurzzeit-Ex-Verteidigungsminister, dann gilt es, die Kleiderkammer rückhaltlos neu aufzubauen mit den Dingen, die für die *Classic-with-a-twist*-Garderobe unerlässlich sind. Dazu gehören im Wesentlichen die folgenden zehn Stilikonen:

EIN PAAR GUTE LEDERNE MASSSCHUHE

Sie sorgen für den aufrechten Gang. Das Outfit eines Mannes ist seine Visitenkarte, und auf die Schuhe fällt dabei immer der erste Blick. Sie haben einen großen Anteil an der Gesamtwirkung. Mit dem falschen Schuh kann man viel kaputt machen, mit dem richtigen vieles wieder reparieren. Das erste Paar Maßschuhe sollte ein dunkelbraunes Paar Budapester sein, ein zweites kann sich mit der Zeit ebenso dazugesellen wie ein Paar schwarzer Oxford, feierliche Anlässe sind sein Parkett.

MEHRERE PAAR KNIESTRÜMPFE

Socken und Söckchen können weg. Ein Mann mit Anstand zeigt beim Sitzen kein Bein, solange er nicht am Strand oder am Pool sitzt. Ein Kniestrumpf mit Woll- und Seidenanteilen ist die No. 6 von Falke. Nun mag der ein oder andere sagen, dass man Strümpfe auch unterhalb von dreißig Euro erwerben kann, das stimmt, hilft aber spätestens nach der dritten Wäsche auch nicht mehr.

MEHRERE PERFEKT SITZENDE UNTERHOSEN

Slips, Pantys oder Retro Shorts: Hauptsache körpernah. Dann ist alles gut verpackt – die alten weiten Boxershorts bitte nur noch zum Felgenreinigen verwenden. Ihr Stoff zeichnet sich durch die Anzughose ab, als wäre es eine männliche Orangenhaut.

SHAPEWEAR-SHIRT

Adieu, Doppelripp, leb wohl, Schlabber-T-Shirt. Wenn ein Mann überhaupt etwas unter dem Oberhemd trägt, dann ist es ausschließlich ein Shapewear-Shirt, das den Oberkörper ein wenig in Form bringt.

MASSHEMDEN

Nur die eigenen, auf den eigenen Körper geschneiderten Hemden sind Maßhemden. Sie bestechen durch die perfekte Kragenweite und ebenso perfekte Ärmellänge, auf ihre Manschetten sind die Initialen des Inhabers gestickt, und natürlich sind sie von bester Stoffqualität.

GROSSE UHR

Mann trägt Uhr. Je größer, desto besser. Muss keine Rolex sein, kann aber. Dennoch sollte es nicht die Uhr sein, die es als Aboprämie bei der lokalen Tageszeitung gibt. Mit seiner Uhr darf ein Mann klotzen.

MEHRERE KRAWATTEN

Fünf Krawatten genügen am Anfang. So hat man für jeden Werktag eine. Denn ein Krawattenwechsel wird stärker wahrgenommen als ein Anzugwechsel. Niemand möchte das Gerücht über sich hören, er ziehe immer dasselbe an. Außerdem kann es passieren, dass ein Kollege im Meeting die gleiche Krawatte trägt, also immer eine Wechselkrawatte dabeihaben. Zur Sicherheit.

EIN PERFEKT SITZENDER BUSINESSANZUG

Muss ich aufs Geld achten, reicht ein Businessanzug für den Anfang. Ein zweiter ist immer eine lohnende Investition. Mein Anzug Nummer Eins ist anthrazitfarben oder dunkelblau und kommt aus einer Maßschneiderei. Anzüge aus anderen Bezugsquellen mögen zwar auch Businessanzüge sein, aber perfekt sitzen tun sie nicht.

EIN GUTER MANTEL

Für die kalte Jahreszeit empfiehlt sich der Besitz eines guten Mantels, der anzugtauglich ist, also über dem Sakko getragen werden kann. Am besten machen sich ein klassischer Covercoat mit Samtkragen und Steppnähten am Saum oder ein warmer Cashmeremantel. Übrigens, der Maßschneider macht auch Mäntel.

GEPFLEGTES ÄUSSERES

Nicht für den Kleiderschrank bestimmt, aber für gutes Auftreten unerlässlich: Gepflegte Haut, manikürte Finger- und Fußnägel, auch wenn man letztere in der Regel nicht direkt zu Gesicht bekommt, sowie eine Frisur auf dem Kopf – nicht bloß Haare. Ein ungepflegtes Äußeres macht eine gute Garderobe im Nu kaputt. Das kann man schon fast als wirtschaftlichen Totalschaden auffassen, denn günstig sind Maßschuhe, Maßhemden und der Maßanzug nicht. Steckt in ihnen aber ein ungepflegter Mann, hat er das Geld zum Fenster rausgeschmissen.

DAS MANTRA »VIEL KANN WEG« IST EIN GRUNDGESETZ FÜR DEN NEUANFANG IN SACHEN STILVOLLE SCHRANKAUSSTATTUNG.

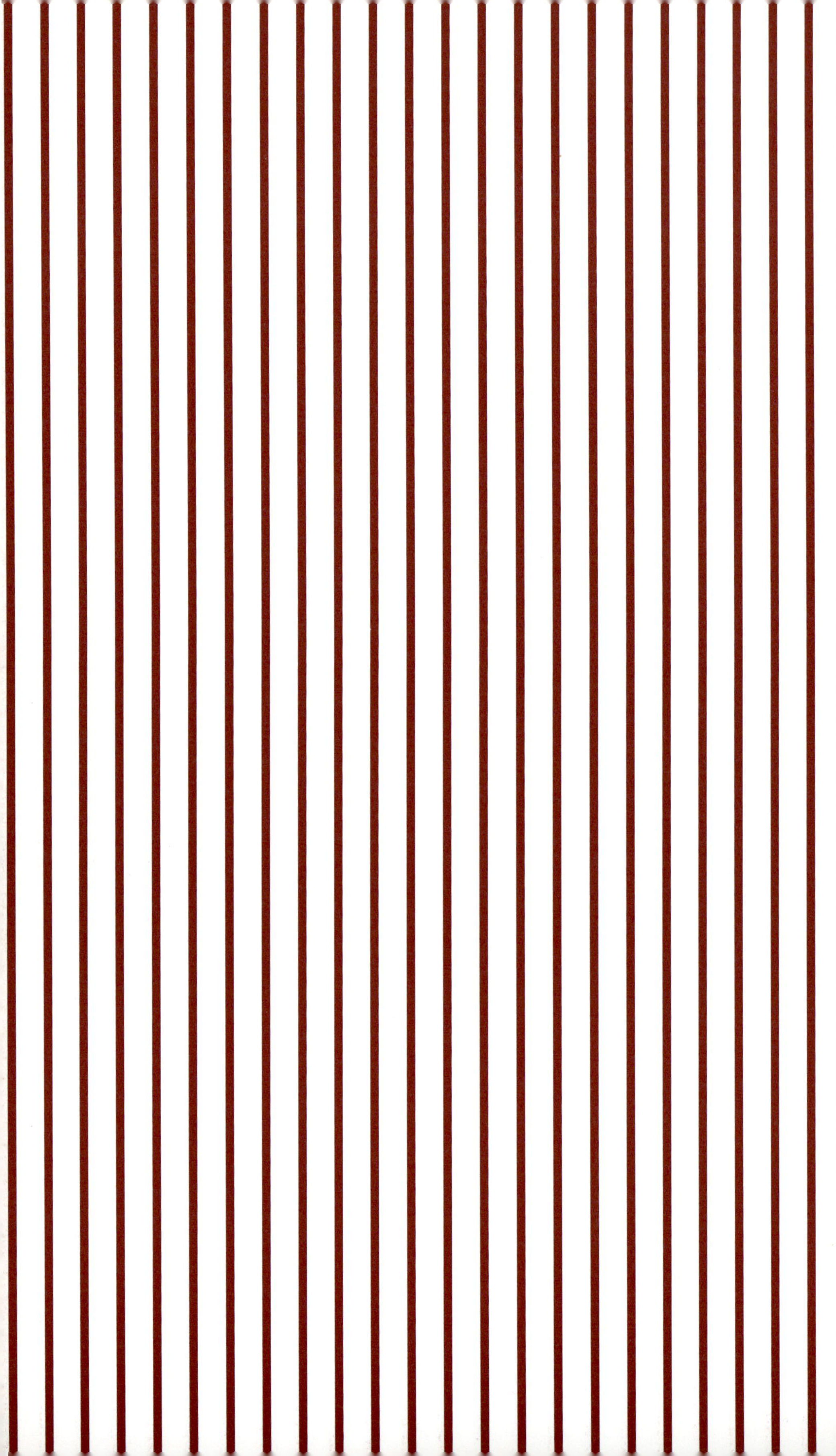

II

SONDERAUSSTATTUNG

DIE SCHÖNEN DINGE

Wollen wir Männer uns klassisch kleiden, haben wir grundsätzlich weniger Auswahl als die holde Damenwelt. Aber auch weniger Arbeit. Wer einmal die grundlegenden Vorgaben verinnerlicht hat, dem bleibt viel Zeit für die schönen Dinge, die Accessoires, die von vielen Herren der Schöpfung immer noch sträflich vernachlässigt werden. Dabei haben wir Männer gerade bei den Accessoires eine vergleichsweise große Auswahl. Die sollten wir auch nutzen, denn schließlich geben Accessoires einem Outfit erst die eigene, persönliche Note, sie sind der Twist, die Perlage im Champagner. Hier kommen meine Top Ten der unverzichtbaren und unterschätzten Begleiter für den Herrn:

KRAWATTE

Ein Accessoire gehört ganz klar zur Grundausstattung des klassischen Outfits und muss, wenn auch kein Geheimtipp, hier doch an allererster Stelle genannt werden: die Krawatte. Ihr solltet sie morgens nach eurem Befinden auswählen. Überlegt nicht, ob die Krawatte farblich passt, sortiert lieber die aus Plastik aus und nehmt nur noch seidene oder auch mal eine gestrickte aus Wolle. Die Qualität von Oberhemd, Anzug und Krawatte sollte eine ähnliche sein. Maßkleidung mit Wühltischbinder zu kombinieren, ist nun wahrlich keine Heldentat. Wählt zum weißen Oberhemd eine kräftige Krawattenfarbe, wenn es euch wegen einer Feier am Abend davor nicht ganz so gut gehen sollte. Sie frischt auf wie das Hemd und lässt euren Teint gesünder wirken. Auch zu gemusterten Hemden darf eine gemusterte Krawatte getragen werden. Sie ist ein Statement, sie lässt euch sagen: »Heute bin ich gut drauf.« Aber Vorsicht ist dennoch geboten, lasst euch im Krawattengeschäft eures Vertrauens beraten, denn gerade englische Krawatten mit ihren mehrfarbigen Streifenmustern sind nicht einfach nur schön anzusehen, sondern repräsentieren oft die Farben von Armeeeinheiten oder Eliteschulen. Eine solche Krawatte zu tragen, ohne dass man in der entsprechenden Einheit gedient oder an diesem oder jenem College gebüffelt hat, kann sich schon zu einem ziemlichen Fauxpas auswachsen.

Wer etwas mehr Bauch hat, der sollte sich eine extralange Krawatte kaufen oder anfertigen lassen. Nichts sieht mehr nach Clownerie oder zu groß geratenem Schuljungen aus als ein zu kurzer Binder. Einzige Ausnahme: Angus Young von AC/DC, aber der darf das. Er hat ja auch keinen Bauch.

Krawattennadeln haben sich übrigens während der Achtziger an den Bindern der Nation festgesetzt. Wenn ihr noch welche habt, werft sie weg. Sie sind weder vintage noch Twist, sie sind bieder und staubtrocken und ein Altherrenaccessoire, das für immer und ewig auf eine einsame Insel verbannt werden sollte.

FLIEGE

Von der expressiven Krawatte ist es nur noch ein kleiner Schritt zur Fliege. Wenn ihr dort einmal angekommen seid, sind kleine Schleifenmanufakturen für euch ein Eldorado. Bei Edsor Kronen in Berlin beispielsweise werdet ihr dann mindestens genauso lan-ge durch die Auslage streifen wie auf der Suche nach dem richtigen Bitaufsatz für den Akkuschrauber im Baumarkt. Und wie beim Akkuschrauber werdet ihr euch nicht nur mit einer zufrieden geben. Fliegen werden gesammelt und jeden Tag getragen.

EINSTECKTUCH

Das Einstecktuch gehört an jedes Sakko, an jeden Blazer. Auch hier empfiehlt es sich als Mann von Welt eine gewisse Auswahl an Formen, Farben und Mustern vorzuhalten. Ein guter Freund bewahrt seine Sammlung seidener Einstecktücher luftig locker in einem alten Hut auf, der wie eine Schale voll bunter Bonbons neben dem mannshohen Ankleidespiegel auf einem kleinen antiken Holztischchen steht. Je nach Anlass wählt er eines, das seinem Gemütszustand ebenso gerecht wird wie dem Sakko oder Anzug. Bunt darf es sein und vielleicht neben anderen einen Farbton aufgreifen, der auch in der Krawatte, der Fliege oder gar in den Socken vorkommt. Aber bitte nicht zu einheitlich: Krawatten und Einstecktücher Ton in Ton zu kaufen, ist *very old-school, very German*, man könnte auch sagen schlichtweg krampfig. Beides im Set zu erstehen, ist ein Fall für die Fashion Police. Besser sind einige Tücher in knalligen Farben, egal ob uni oder auch mal kombiniert mit einem Paisley-Muster, das in gedeckten Farben immer etwas zu borniert daherkommt, mit ein wenig Neon oder einem knalligen Grün aber sehr frisch wirken kann. Polka Dots oder ein schönes Karomuster sind auch immer *en vogue.*

Übrigens: Das Einstecktuch muss fluffig aus der Tasche gucken. Nicht feinsäuberlich gelegt oder gebügelt. Ein Einstecktuch steht für Lockerheit.

SCHMUCK

Manschettenknöpfe sind der Schmuck des Gentleman. Egal ob Edelmetall oder türkische Knoten aus Stoff – die Auswahl an

Materialien, Farben und Formen ist immens. Und das völlig zu Recht. Besonderes Understatement zeigt ihr, wenn die Manschettenknöpfe euer Monogramm tragen. Ich habe einen Bekannten, der ist Schriftsteller und trägt alte Schreibmaschinentasten mit seinen Initialen als Manschettenknöpfe. Das ist vintage und eine persönliche Aussage zugleich, also rundum gelungen.

GERADE BEI DEN ACCESSOIRES HABEN WIR MÄNNER EINE GROSSE AUSWAHL: ACCESSOIRES GEBEN EINEM OUTFIT ERST DIE EIGENE, PERSÖNLICHE NOTE, SIE SIND DER TWIST, DIE PERLAGE IM CHAMPAGNER.

Neben den Manschettenknöpfen bleiben noch drei Schmuckstücke, die Männer mit Stil tragen dürfen. Dazu zählt erstens der Verlobungs- oder Ehering, der, zweitens, ausschließlich von einem Siegelring flankiert werden darf. Ab wann ihr einen Verlobungs- oder Ehering tragen dürft und woher ihr sie bekommt, ist klar. Einen Siegelring findet ihr in der Erbmasse. Mit ihm wurde und wird das Familienwappen in Ehren gehalten. Er ist also Pflicht und Kür in einem und damit die Krone des klassischen Herrenoutfits. Wenn er sich nicht im Erbe befindet, dürft ihr auf dem Flohmarkt nach einem suchen. Der ist dann zwar nicht mehr Pflicht, aber immer noch Kür. Das dritte Schmuckstück für den Mann ist das Armband. Das können wir uns von den Italienern abgucken. Die gehen nie ohne Armkettchen aus dem Haus. Für den Anfang ist eines aus geflochtenem Silber die beste Wahl, später dürfen noch ein paar andere Materialien hinzukommen.

Guckt euch mal um, zum Beispiel bei *LeChatVIVI*, die haben tolle Modelle.

GÜRTEL

Er ist unser ständiger Begleiter und ein unerlässliches Herrenaccessoire. Ihr könnt ohne Ring, ohne Krawatte, von mir aus auch mal ohne Einstecktuch und – wenn es denn unbedingt sein muss – sogar ohne Unterhose vor die Tür treten, niemals aber ohne Gürtel! Mit ihm beweist ein Mann Stil und Geschmack. Je förmlicher der Anlass, desto zurückhaltender ist der Gürtel. Prahlerische Schnallen mit Totenköpfen oder Adlern sind, sagen wir es einmal vorsichtig, für ein klassisches Outfit eher selten passend und haben einfach nicht den richtigen Twist. Da legt man den Fokus lieber auf das Gürtelband und bringt noch einmal etwas Farbe ins Outfit. Und wie immer bei Farben, so gilt auch hier: *Too much* Ton in Ton ist gefährlich, und schnell landet man in der *very old-fashioned* Ecke oder gleich bei der Fashion Police auf der Wache. Zum Geschäftstermin gehört ein dezenter Ledergürtel mit einer ebenso zurückhaltenden Schnalle. Wer gerne von einem Label umgürtet werden will, sollte bitte eines wählen, das auch wirklich für Gürteltradition steht: Hermès, Aigner, Alfred Dunhill. Das sind stilvolle und handwerklich wunderbar gearbeitete Stücke, die zwar ihren Preis haben, aber auch ihre Berechtigung. Und die im Zweifel, nun kommt es auf die Schwankungen im Bauchbereich an, einen Mann ein Leben lang begleiten können und dank der Patina des Leders mit jedem Jahr schöner werden. Ganz wie ihre Träger.

SONNENBRILLE

Klar, die Sonnenbrille ist das Kleine Schwarze für den Mann. Nichts ist lässiger als eine Sonnenbrille, und in New York darf man sie sogar in der Subway tragen und in Paris in der Métro. Zu sportlich sollte sie nicht sein, dann taugt sie nur zum Mountainbiken oder Joggen. Besser sind die klassischen Herrensonnenbrillen. Ganz vorn die Pilotensonnenbrillen mit ihren voll verspiegelten Gläsern. Auch wenn Tom Cruise überhaupt nicht mein Fall ist, als Flieger in *Top Gun* macht er nicht zuletzt dank dieser Brille eine gute Figur. Die Aviator gibt es von der Firma, deren Name inzwischen mit klassischen Sonnenbrillen für den Mann so verbunden ist wie keine andere: Ray-Ban. Wer es eher klassisch mag, der trägt eines der Wayfarer-Modelle, selbst wenn er kein Fan der Blues Brothers sein sollte.

Wenn Ray-Ban inzwischen zum allgemeinen Kulturgut geworden ist, sind die Klassiker der Marke Persol immer noch ein Geheimtipp unter Kennern. Persol ist die ältere Manufaktur von beiden und sozusagen die Mutter aller Sonnenbrillen.

Abgesehen von der Brille mit Sonnenschutz ist ein Mann mit optischer Brille heute auch bestens ausgestattet, gilt sie doch nicht mehr nur als praktische Sehhilfe, sondern auch als modisches Accessoire. Außerdem ist sie das beste Herren-Make-up für die alterungsgefährdete Augenpartie. Damit kann man sich also auch behelfen, selbst wenn man keine Sehschwäche hat. Eine schöne Hornbrille oder eine fesche Bakelitbrille mit Fensterglas ist ein Accessoire, das sich zuzulegen sich unbedingt lohnt.

BÖRSE

Ein schmales Portemonnaie, möglichst aus Leder, für Geldscheine und die unentbehrlichen Plastikkarten ist ebenfalls ein Must-have. Aber: In der Gesäßtasche wie auch in den Innentaschen eines Jacketts trägt die Geldbörse zu stark auf. Entweder trägt Mann sein Portemonnaie und was er sonst noch so mit sich zu führen pflegt in einer Herrentasche, oder er behilft sich mit einer Geldklammer. Münzen allerdings tragen sich generell besser lose in der Hosentasche. Wem das Geklimper nicht passt, der lege sich ein kleines Münzportemonnaie zu.

NEBEN DEN MANSCHETTENKNÖPFEN GIBT ES DREI SCHMUCKSTÜCKE, DIE MÄNNER MIT STIL TRAGEN DÜRFEN: DER VERLOBUNGS- ODER EHERING, DER SIEGELRING UND DAS ARMBAND.

FEUERPROBE

Für die Raucher unter uns ist ein Zigarettenetui obligat – natürlich aus Metall. Man füllt das Etui mit dem Tagesbedarf und lässt die hässliche Pappschachtel einfach zu Hause. Und wenn ihr nicht auf die Pappschachteln verzichten könnt, dann wählt wenigstens einen Tabak in einer ansehnlichen Pappschachtel. Wer raucht, benötigt auch Feuer, entweder ein Feuerzeug, gerne in der metallenen Ausführung, oder *simply* eine kleine Schachtel Zündhölzer. All das passt in die Herrentasche. Die heißt nicht umsonst Keepall.

BÜROAUSSTATTUNG

Wer geschäftlich unterwegs ist, wird auf Visitenkarten angewiesen sein. Dafür ist eine kleine Box aus Metall oder ein Etui aus Leder ebenso praktisch, wie es einfach ist, einen kleinen Vorrat in der Brieftasche aufzubewahren. Von der Visitenkarte bis zum unterschriftsreifen Vertrag ist es dann nur noch ein kleiner Schritt. Das einzige adäquate Schreibgerät dafür ist der Kolbenfüllfederhalter. Also nicht der Pelikan aus der Schule, sondern ein schwerer Füller, der gut in der Hand liegt, am besten mit einer Schraubkappe. Die löst sich nicht aus Versehen und schützt so vor Tintenmalheurs.

GETRÄNKEHALTER

Und wenn es doch mal nicht geklappt hat mit der Unterschrift unter dem Vertrag, dann hilft die Reiseflasche weiter, für den distinguierten Schluck im richtigen Moment, aber bitte nur in homöopathischen Dosen. Sonst findet man am Ende noch das Schlüsselloch nicht mehr, und nichts wäre unangebrachter, als derangiert vor der eigenen Tür herumzulungern.

SCHLÜSSELETUI

Apropos Tür: Schlüssel gehören nicht einfach so in die Hosen- oder Manteltaschen. Kanten und Spitzen können schnell das Futter beschädigen, daher ist ein kleines ledernes Schlüsseletui hierfür die beste Wahl.

REGENSCHIRM

Ein zu Unrecht oft übersehenes Accessoire ist der Regenschirm. Regenschirme braucht man ja nicht nur, wenn es regnet. Im Gegenteil, ein Regenschirm kann ein treuer Begleiter sein und dem Herrn in jeder Lebenslage zur Seite stehen. Seit die Praktikabilität den guten Stil verdrängt, fingern alle einen dieser winzigen Regenschirme aus ihren Taschen und – noch schlimmer! – Rucksäcken. Ähnlich wie Tempo das Papiertaschentuch haben diese Schirme eine ganze Produktlinie geprägt.

Der echte Stockschirm dagegen ist mehr. Nicht umsonst hat er einen gebogenen Griff, möglichst aus feinem Holz, und im besten Fall schonend über Dampf in Form gebracht, sodass er an jedem Unterarm eingehakt zu Diensten ist. So ist er Gehhilfe, Zeigeinstrument, ein unverzichtbarer Teil korrekter Kleidung eben, und dann wohl auch ein guter Nässeschutz, der so viel Platz bietet, dass auch die Begleitung nicht im Regen stehen bleibt.

EIN MANN MIT OPTISCHER BRILLE IST BESTENS AUSGESTATTET, GILT SIE DOCH NICHT MEHR NUR ALS PRAKTISCHE SEHHILFE, SONDERN AUCH ALS MODISCHES ACCESSOIRE.

DER HUTMUT

Kopfbedeckungen sind Sinnbild für die Kombination aus Form und Funktion. Ob Mütze oder Hut oder irgendetwas dazwischen, nahezu alle heute gängigen Kopfbedeckungen sind Klassiker und können dem Herrenoutfit einen feinen, legeren oder auch förmlichen Twist verleihen.

Besonders Hüte werden zu meiner großen Freude in letzter Zeit wieder populärer. Und doch: Die meisten Männer laufen weiterhin unbehütet herum und fühlen sich mit einem Hut irgendwie unwohl, fast wie verkleidet. Das muss nicht sein, und ich plädiere uneingeschränkt für mehr Mut zum Hut. Darum habe ich hier meine Lieblingskopfbedeckungen für jeden Anlass aufgelistet:

DER COWBOYHUT

Der Cowboyhut, den John B. Stetson Mitte des 19. Jahrhunderts erfand, sollte mit seiner breiten Krempe Kopf, Schultern und Nacken besser vor Regen schützen. Heute steht der Name des Erfinders für den US-amerikanischen Hut schlechthin und ist als solcher weltberühmt geworden. Zugegeben, im Stadtleben als Cowboy zu reüssieren, ist neben J.R. aus *Dallas* höchstens noch Crocodile Dundee gelungen. Wer aber ein Landhaus besitzt oder gerne mal ausreitet, der kann durchaus auch einen Cowboyhut tragen. Schließlich waren die alten Cowboys echte Männer, und nach denen sehnen wir uns doch heute alle wieder ein bisschen. Oder nicht?

DIE BASECAP

Noch größere Berühmtheit als der Hut der Kuhhirten erlangt die Baseballkappe, die – einst erfunden als Blendschutz für die

Spieler des amerikanischen Nationalsports – in den Neunzigern des letzten Jahrhunderts auch in Europa ihren Siegeszug antrat. Durch ihren sportlichen Ursprung ist die Basecap ebenfalls keine Kopfbedeckung für jede Gelegenheit und kein Accessoire oder gar Bestandteil der Businessmode geworden. Aber am Strand oder auch bei einem Segeltörn macht sie immer eine gute Figur, wenn sie nicht als Sammelkissen für Strasssteine genutzt wird.

DIE SCHIEBERMÜTZE

Seit ein paar Jahren hat die Basecap sichtbar Konkurrenz bekommen von der sogenannten Schiebermütze, die das Förmliche eines Anzugs nicht unbedingt untergräbt. Die Schiebermütze aus Tweed oder Cord ist ursprünglich eine Arbeitermütze und wurde vor allem in den Zwanziger- und Dreißigerjahren als Kopfschutz getragen. Heute ist sie Kopfschmuck und verdrängt langsam die Baskenmütze, das Barett, das fast nur noch von alternden Studienräten getragen wird. Rein modetechnisch hat das Barett die längste Tradition und war immer auch Bestandteil von Uniformen und Ornaten. Schon Martin Luther hat im 16. Jahrhundert ein Barett getragen.

DIE MÜTZE FÜR DEN WINTER

Gestrickte Wollmützen und russische Schapkas mit Fellfutter und Seitenklappen schützen Kopf und Ohren im Schneesturm. Sie liegen stark im Trend und krönen den Mann bei eisigen Temperaturen.

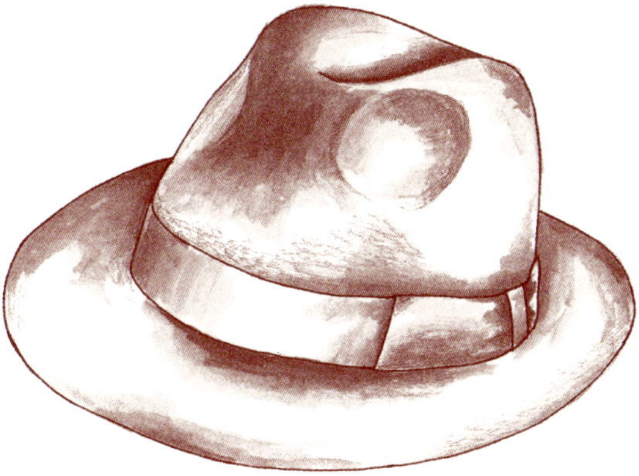

BORSALINO

BASEBALLCAP

SCHIEBERMÜTZE

COWBOYHUT

HOMBURGER

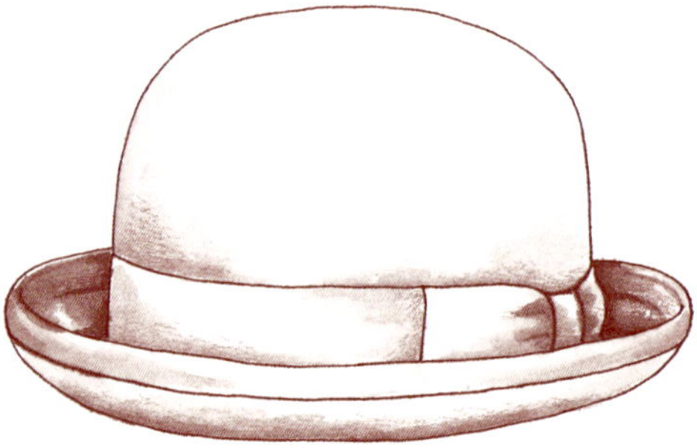

MELONE

ZYLINDER

DER FILZHUT

Ist es nicht ganz so kalt, sieht man heute auch wieder klassische Wollfilzhüte auf der Straße. Den italienischen Borsalino beispielsweise, wie er in den großen Hollywoodfilmen der Fünfziger und Sechziger unter anderem von Humphrey Bogart getragen wurde, oder, wenn auch seltener, den Homburger, wie ihn Konrad Adenauer trug. Selbst die Firma Stetson führt heute neben ihrem Cowboyhut ein großes Sortiment klassischer Filzhüte.

MELONE UND ZYLINDER

Der Homburger löste die britische Melone im deutschen Alltag ab. Auf ihre Renaissance freue ich mich schon. Bis dahin überlebt sie bei den großen Pferderennen – getragen von den Jockeys und ihrem männlichen Publikum.

Der Zylinder gehört bei gesellschaftlichen Anlässen mit Frack und Cutaway zur hohen Schule der Herrenmode. In Zeiten, als man die Krönung der Herrenbekleidung auch im Alltag trug, sah man ganze Heerscharen von Zylindern auf den Straßen. Das ist ein für alle Mal vorbei. Aber vor jedem, der auch unter der Woche selbstbewusst und ganz natürlich einen Zylinder trägt, ziehe ich meinen Hut.

DIE MEISTEN MÄNNER FÜHLEN SICH MIT EINEM HUT AUF DEM KOPF UNWOHL. DAS MUSS NICHT SEIN, UND ICH PLÄDIERE UNEINGESCHRÄNKT FÜR MEHR MUT ZUM HUT.

Im Ernst: So förmlich muss die Herrenmode nun wirklich nicht mehr werden, sonst wären all die anderen schönen und klassischen Kopfbedeckungen wieder aus der Mode. Das wäre ein bedauernswerter Zustand, denn gerade Schiebermütze und Filzhut hatten es über Jahrzehnte nicht leicht in Deutschland, und wenn sie es schon geschafft haben, langsam in unser Straßenbild zurückzukehren, sollen sie bitte auch bleiben dürfen. Falls sie wieder verschwinden, liegt das an uns Männern. Wir haben ihr langfristiges Überleben in der Hand beziehungsweise auf dem Kopf.

ÜBERSTUNDEN

Es gibt Herren, die keine Uhr mehr tragen. Sie fühlen sich unwohl mit einer Armbanduhr am Handgelenk. Sie begründen das meist wortlos, indem sie ihr Handy aus der Tasche ziehen und einem die digitale Zeitanzeige auf dem Display unter die Nase halten. Das halte ich für eine fatale Entwicklung. Denn auch wenn ich es durchaus begrüße, dass ein Handy auch die Zeit anzeigen kann, ist ein Mann ohne Uhr für mich wie eine Kaffeemaschine ohne Wasser. Das geht einfach nicht.

Zugegeben, schon früher gingen Uhr und Zeit manchmal getrennte Wege. Einem Schulfreund, der eigentlich keiner war, hat man geraten, vom elterlichen Telefon aus die Zeitansage in Japan anzurufen. Sobald sein Papa die Telefonrechnung sah, hatte der falsche Freund mehr als genug Zeit, um auf die Uhr zu schauen, wann sein Hausarrest denn endlich vorbei sein würde. Viel wichtiger noch war aber ein ganz anderes Ritual, das in heutigen Actionfilmen leider kaum noch eine Rolle spielt: Der Uhrenvergleich. Immer wenn es um Leben und Tod ging, immer wenn es ernst wurde, dann wurde verglichen. Nur noch im Fußball sieht man, wie der Schiedsrichter vor dem Spiel mit seinen Linienrichtern die Uhren vergleicht. Spätestens jetzt muss jedem klar sein: Eine Uhr gehört ans männliche Handgelenk wie das Amen in die Kirche. Worauf ihr achten müsst, zeigen euch meine zeitlosen Top Five:

SITZT, PASST, WACKELT – UND HAT LUFT

Eine Uhr hat zwar keine Kleidergröße, aber auch eine Uhr muss dem Träger passen. Und damit meine ich nicht die Größe des Uhrwerks, denn Herrenuhren dürfen ruhig schön groß und wuchtig sein. Das muss nicht unbedingt neureich wirken. Im Gegenteil, es gibt viele sehr schlichte, großformatige Herrenuhren. Nur eines sollte man bedenken: Je größer und vielleicht auch stattlicher ich bin, je größere Pranken ich habe und je muskulösere Arme, desto unpassender wirkt ein kleines Ührchen am Handgelenk.

Davon abgesehen ist es wichtig, dass die Uhr nicht zu eng sitzt. Sie darf aber auch nicht zu locker sitzen und ständig das Handgelenk rauf- und runterrutschen. Zwei oder drei Zentimeter kann sie sich maximal bewegen. Mehr Spiel sollte nicht sein.

Bin ich Uhrenträger, sollte das auch mein Maßschneider wissen. In der Regel fragt er von sich aus, dann wird er die Manschette für den Arm, an dem die Uhr getragen wird, etwas weiter konfektionieren. Getragen wird die Uhr übrigens immer an der Hand, die nicht die Schreibhand ist, aber das macht man in der Regel ganz von allein.

MEINE LIEBLINGSUHR, DIE ROLEX DAYTONA, IST EIN ECHTES CHRONOMETER.

AUFBEWAHRUNG UND PFLEGE

Trägt man die Uhr nicht am Arm, sollte man sie geschützt aufbewahren. Mikrofasertücher sind auch hier zauberhafte Helferlein. Ein Fehler, den man wohl nur einmal im Leben macht, ist, mit seiner Uhr zu duschen oder zu baden, auch in der Sauna hat sie nichts zu suchen. Sobald sie abkühlt, wird die Luft im Gehäuse am Uhrglas kondensieren. Überhaupt empfiehlt es sich, neben dem Maßschneider und dem Schuhmacher auch einen Uhrmacher seines Vertrauens zu kennen.

ZEIT LÄUFT

Hält man Ausschau nach einer neuen Herrenuhr, heißt die erste Glaubensfrage schon: Welche Antriebsart, Quarz oder Mechanik? Quarzuhren beziehen ihre Energie aus einer Batterie, und ihre Zeiger bewegen sich im Sekundentakt. Mechanische Uhren lassen sich entweder über die sogenannte Krone aufziehen, oder sie verfügen über ein automatisches Uhrwerk, das sich aus der Bewegungsenergie speist, wenn die Uhr getragen wird. Sobald so eine Uhr abgelegt wird, hat der Mann von Welt schon seinen elektrischen Uhrenbeweger gezückt, der verhindert, dass das gute Stück nach ein, zwei Tagen Ruhe stehen bleibt.

EIN GUMMI- ODER PLASTIKARMBAND ZUM ANZUG GALT LANGE ALS NO-GO, HEUTE IST DIESER BRUCH ABER CLASSIC WITH A TWIST.

Mein Herz schlägt ohne Frage für mechanische Zeitmesser, in denen die gesammelte Uhrmacherkunst verborgen ist. Wer einmal ins sächsische Glashütte gereist ist und das Mekka deutscher Uhrmacherkunst besichtigen konnte, der hat danach nur noch einen einzigen Wunsch: solch ein Wunderwerk der Handwerkskunst sein Eigen zu nennen.

THE BEST

Übrigens, nicht jede Uhr darf man Chronometer nennen, da halten es die Uhren ein bisschen wie der Schaumwein: Das Chronometer ist der Champagner unter den Uhren, nur dass die Uhr dafür nicht in einer bestimmten Region gebaut werden, sondern bestimmte Prüfbedingungen erfüllen muss. Meine absolute Lieblingsuhr, die Rolex Daytona mit dem von Paul Newman entworfenen Blatt, ist ein echtes Chronometer. Es gibt sie nur noch vintage und höchst selten.

Ein anderes Qualitätsmerkmal, das man ihm wahrsten Sinne des Wortes nicht übersehen sollte, sind die Gläser. Die von wirklich ausgesuchter Qualität bemerkt man aufgrund ihrer Entspiegelung kaum, außerdem sind sie äußerst kratzfest, was einen Durchblick auf lange Zeit garantieren wird.

STIL AM BANDE

Die Wahl des Armbands ist reine Geschmackssache. Ob Leder oder Metall, muss jeder selbst entscheiden, manche lieben das kühle Tragegefühl und die Schwere des Metalls, die anderen wiederum die edle Anmutung eines Lederarmbands. Wobei ein Lederarmband mit der Zeit nicht nur immer schöner wird, sondern auch altert, da ihm der ausgesonderte Schweiß ordentlich zusetzt. Da hilft Pflege ebenso wie eine probate Regel für Lederschuhe: Ruhephasen einhalten und das Leder nicht ständig tragen, damit es trocknen und sich erholen kann. Ein Gummi- oder Plastikarmband zum Anzug galt lange als No-Go, mir gefällt dieser Bruch aber sehr gut, gerade leuchtend bunte Armbänder setzen schöne Akzente, das ist *Classic with a twist.*

EIN MANN OHNE UHR IST FÜR MICH WIE EINE KAFFEEMASCHINE OHNE WASSER. DAS GEHT EINFACH NICHT.

PFLEGE UND KOSMETIK

Die Zeiten, in denen wir Männer uns morgens mit einer Katzenwäsche begnügten und dies von der holden Weiblichkeit sogar als über die Maßen männlich angesehen wurde, sind zum Glück vorbei. Man könnte fast sagen, dass wir uns inzwischen nahezu im Pflegerausch befinden. Man soll ja bekanntlich keiner Statistik glauben, die man nicht selbst gefälscht hat, aber schon 2008 hieß es in einer Umfrage, dass Männer im Begriff sind, die Frauen in Sachen Kosmetik und Körperpflege zu überrunden. Demnach verbringen wir Männer im Schnitt siebzehn Minuten am Tag mit der Rumpfpflege, dazu kommen noch einmal stolze dreizehn Minuten für die Gesichtspflege, das macht eine volle halbe Stunde für die Schönheit. Die Mädels sind vier Minuten schneller.

Zu Recht fangen wir damit gleich morgens an, denn zur Garderobe gehört auch, dass man seinen Körper ein wenig in Schuss bringt. Das wichtigste männliche Alleinstellungsmerkmal ist die Gesichtsrasur. Wer sein Gesicht mit einem Nassrasierer und Sprühschaum aus der Dose oder gar elektrisch rasiert, dem entgeht der kontemplative Part des Rasierens vollkommen. Um den zu erleben, braucht es, wenn man keinen guten Barbier in der Stadt hat, allerdings ein paar Utensilien, und zwar zuallererst: einen Rasierpinsel, am besten bestückt mit Dachshaar. Das ist besonders fein und elastisch und sorgt so dafür, dass die Rasierseife gut schäumt. Eine gute Rasierseife im Tiegel – gerne aus Holz – ist das nächste Muss. Ihr Schaum fällt nicht so schnell in sich zusammen wie das Pendant aus der Dose. Was die Klinge anbelangt, so kann niemand verlangen, dass ihr euch ein Rasiermesser samt ledernem Abziehriemen zum Nachschleifen der

Klinge anschafft. Aber das Beste bleibt es trotzdem. Ein ordentlicher Rasierer tut es auch. Aus Metall sollte er sein, damit er schwer und sicher in der Hand liegt.

»Komplimente sind wie Parfüm. Sie dürfen duften, aber nie aufdringlich werden«, hat Oscar Wilde wohl einmal gesagt, oder zumindest hat man ihm dieses Bonmot zugeschrieben. Aufdringlich kann man es in der Tat manchmal nennen, wie die Kosmetikindustrie seit dem Siegeszug der Metrosexualität den Mann als Konsumenten für sich entdeckt hat, und zwar eben nicht, um der Frau an seiner Seite mit Düften, Cremes und Mittelchen ein Geschenk zu machen, sondern weil der Mann sich inzwischen selbst als Anwender selbiger neu entdeckt hat.

Keine bekannte Kosmetikmarke, die nicht eine eigene Produktlinie speziell für den Herrn entwickelt hat – Feuchtigkeitscreme, Anti-Aging-Produkte, Selbstbräuner, Augencremes, Faltenfluids, Peelings, Rasierschaum –, und kein Produkt, das nicht auch den Zusatz *for men* oder *pour l'homme* trägt. Ich frage mich, was denn die Haut von Frauen und Männern so maßgeblich unterscheidet, dass man nicht auch mal das gleiche Cremetöpfchen benutzen könnte!

Aber es gibt nicht nur die Vierzig-Euro-für-zehn-Milliliter-Produkte, sondern auch althergebrachte Pflegeprodukte für den Herrn, die zu kaufen sich durchaus lohnt.

Für die Pflege nach der Rasur muss ein anständiges Aftershave her, manch einer besitzt auch einen Alaunstein, der hilft, die Blutung bei kleinen Schnitten schnell zu stillen. Ein Klassiker unter den Rasierwassern ist Pitralon. Für alle, die ein profaneres Aftershave benutzen, empfiehlt es sich, auf Flohmärkten nach kleinen

WER SEIN GESICHT MIT
EINEM NASSRASIERER UND
SPRÜHSCHAUM AUS DER DOSE
ODER ELEKTRISCH RASIERT,
DEM ENTGEHT DER KONTEMPLATIVE PART
DES RASIERENS VOLLKOMMEN.

Glasfläschchen und Flacons Ausschau zu halten, das Umfüllen schadet nicht, entplastifiziert aber das Badezimmer auf angenehme Weise.

Mit dem gleichen Handgriff lassen sich auch Düfte umfüllen, allerdings muss man immer darauf achten, dass die Flaschen wirklich dicht schließen. Für alle, die auf Reisen nicht den großen Parfümbottich mitschleppen wollen, gibt es von Muji aus Japan wunderbar zeitlose kleine Vaporisateure aus Aluminium, die man mit der für die Reise nötigen Menge an Wässerchen füllen kann.

Ebenfalls eine wunderbare Idee von Muji ist Seife in kleinen Blättchen. Sieht aus wie Esspapier, schmeckt aber nicht ganz so. Als Seife für unterwegs ist sie enorm praktisch, nie mehr muss man einen nassen Block Seife im Kulturbeutel verstauen. Fehlt nur noch das Shampoo en bloc.

Nah dran sind da schon die wunderbaren Drogisten des englischen Hoflieferanten D.R. Harris mit ihren Shampoopasten. Auch alle anderen Pflegeprodukte der Engländer sind ihr Geld wert, selbst bei der Augencreme kann man bei dieser Marke mal ein Auge zudrücken. Oder sogar zwei.

Das Höchste der Gefühle ist für mich übrigens ein Besuch beim Gentlemen-Groomer. Kein New-York-Aufenthalt, ohne dass ich vor dem Rückflug auf der Madison Avenue bei Truman's Gentlemen's Groomers vorbeischaue. Das ist wie ein kleiner Wellness-Urlaub und dauert je nach Intensität drei oder vier Stunden. Schließlich ist Pflege immer dann am schönsten, wenn sich andere um einen kümmern. Das fängt bei Truman's schon bei der Begrüßung an, wenn die freundlichen Damen am Empfang mit einem das gewünschte Programm besprechen. Dann mache ich es mir mit meinem Lieblingsdrink in einem Sessel bequem, bevor man mich zur Pediküre geleitet. Hier werden die Füße einer regelrechten Generalüberholung unterzogen. Ein ausgiebiges Bad mit Massagedüsen, eine ausdauernde Fußmassage und zahlreiche Pflegeprodukte später sind meine Füße butterweich. Alle Druckstellen und Ansätze von Hornhaut sind sorgfältig entfernt, die Zehennägel wunderbar gekürzt und auf Linie gebracht.

So schwebe ich dann weiter zur Maniküre, wo man sich nun mit der gleichen Aufmerksamkeit meinen Händen widmet. Wenn ich wirklich entspannen will, gönne ich mir noch eine Dreiviertelstunde bei einer Rasur, die mit warmen Tüchern und einer Gesichtsmassage vorbereitet wird. Das ist Verwöhnkultur vom Feinsten. (Bei all der Entspannung bemerke ich erst sehr viel

FÜR DIE PFLEGE NACH DER RASUR MUSS EIN ANSTÄNDIGES AFTERSHAVE HER. EIN KLASSIKER UNTER DEN RASIERWASSERN IST PITRALON.

später, dass man mir meine Schuhe entführt hat, die jetzt nach einer Shoe-Shine-Behandlung wie neu neben meinem Stuhl stehen und ebenso glücklich strahlen wie ich.)

Zum krönenden Abschluss genieße ich eine Tiefenbehandlung für das Gesicht und trete den Rückflug nach *good old Europe* so erholt an, dass selbst ein Flug in der Holzklasse mir nichts anhaben kann.

Wer den Weg nach New York oder zum nächsten Herrenkosmetiker scheut, dem seien hier meine Pflegetipps für die optimale Heimanwendung ans Herz gelegt:

ES GIBT NICHT NUR DIE VIERZIG-EURO-FÜR-ZEHN-MILLILITER-PRODUKTE, SONDERN AUCH ALTHERGEBRACHTE PFLEGEPRODUKTE, DIE ZU KAUFEN SICH DURCHAUS LOHNT.

WASCHEN

Damit meine Haut schön glatt bleibt und nicht verunreinigt wird, wasche ich mein Gesicht abends mit lauwarmem Wasser. Ein wenig Reinigungsfluid darf ruhig sein, die Betonung liegt aber auf wenig. Einen weiten Bogen mache ich um klassische Seifen oder ein Duschbad, die Haut trocknet dadurch zu schnell aus. Nach dem Waschen tupfe ich das Gesicht vorsichtig mit einem frischen Handtuch trocken und gönne mir zum Abschluss eine Feuchtigkeitscreme. Jeder von uns hat auch nach der Pubertät immer mal wieder mit einem Pickel zu kämpfen. Unachtsame Ernährung, Stress oder mangelnde Pflege sind häufig die Gründe fürs Blühen im Gesicht. In diesem Fall sollten meine Pflegeprodukte nicht zu viele Fette enthalten. Auch ein Gesichtspeeling alle zwei Wochen hilft, die Haut rein zu halten.

VEREDELN

Ich bin ein absoluter Verfechter von Selbstbräunern. Zu viel Sonne tut unserem Körper ebenso wenig gut wie zu viel künstliche UV-Strahlung. Ein Selbstbräuner kann da Wunder wirken. Besonders ebenmäßig und sehr natürlich im Look ist Spraytanning, das mit einer Art Airbrushpistole auf den Körper gesprüht wird. Nach einer kurzen Einwirkzeit und einmal Duschen muss man sich übrigens keinerlei Sorgen machen, dass die weißen Hemdkragen danach dunkel gefärbt sind. Wichtig aber ist, wie beim herkömmlichen Malen und Sprayen ja auch: Bevor ich etwas auftrage, muss ich den Untergrund entsprechend reinigen. Selbstbräuner gehört nur auf gepflegte und gereinigte Haut. Und ein kleines Fettnäpfchen gilt es außerdem zu beachten: Wenn ich nach überstandenem Winter einfach anfange, den Selbstbräuner auf meine noch blasse Haut aufzutragen, dann ist nicht nur die Farbgebung nicht optimal, sondern das Ergebnis ist oft fleckig, und schon hat man sich selbst nach allen Regeln der Kunst verhunzt. Daher ist es wichtig, dass man, egal wie, erst ein bisschen natürliche Bräune bekommt, und sei es, dass ich, sobald die ersten Sonnenstrahlen auf dem Weg sind, für ein langes Wochenende in den Süden fliege. Danach kann ich bedenkenlos den Selbstbräuner auftragen oder mich dem Spraytanning unterziehen und erziele eine optimale Wirkung.

VERTUSCHEN

Wer sich morgens im Spiegel betrachtet und findet, dass man die Zahl der Überstunden aus den letzten Wochen allzu deutlich in seinem Gesicht ablesen kann, der kann sich mit einem Concealer, einem Abdeckstift, behelfen. Mit einer Fingerspitze sparsam auftragen, indem man tupft. Um Himmels Willen nicht wischen!

SÄUBERN

Die Pflege der Augenbrauen überlasse ich den Profis, am faszinierendsten finde ich die türkische oder arabische Methode, die Haare mit einem Faden zu zupfen. Wer das beherrscht, ist ein echter Künstler. Wenn man sich selbst die Augenbrauen zupfen will, dann sollte man unbedingt mit Bedacht vorgehen, sonst sieht man am Ende aus wie ein gerupfter Hahn, und das ist im Zweifel unangenehmer als der Theo-Waigel-Look. Zum Zupfen benutzt man eine kleine Pinzette und tupft nach erfolgreicher Arbeit ein wenig Aftershave auf die Brauen.

POLIEREN

Zahnseide gehört zur täglichen Zahnpflege wie eine Kanne Kaffee zum Frühstück. Meine Tante Anne-Marie hatte außerdem immer noch eine Geheimmethode: Ein, zwei Tropfen Teebaumöl auf der Zahnbürste wirken dem Gelbstich der Zähne entgegen und wirken außerdem desinfizierend und entzündungshemmend. Gewusst, wie!

EIN GESICHTSPEELING
ALLE ZWEI WOCHEN HILFT,
DIE HAUT REIN ZU HALTEN.

ALT VERSUS VINTAGE

Vintage ist in aller Munde, und damit meine ich keine alten Zähne. Ich meine den seit einigen Jahren andauernden Trend, der die Sehnsucht nach einer gewissen Nostalgie bedient. Die in Deutschland steigenden Oldtimerzahlen sind ein Beispiel, der florierende Erfolg von Secondhandläden und Flohmärkten auch. Woher kommt diese Bewegung?

Vintage Pieces sind Dinge, die Geschichten erzählen, die mindestens genauso viel erlebt haben wie man selbst, deren Form sich bewährt hat und deren Funktion der Technisierung standhält. Die Bandbreite vintage-tauglicher Gegenstände erstreckt sich von Accessoires über Automobile, Haushaltsgeräte, Mode und Technik bis hin zu Gepäckstücken.

Bevor man aber auf dem Flohmarkt alles aufkauft, was irgendwie alt und gebraucht aussieht, muss man sich folgende Frage stellen: »Ist das schon vintage oder noch peinlich?« Denn nicht alles, was alt ist, schafft den beschwerlichen Weg in den Vintage-Himmel. Der Aktenkoffer beispielsweise. Bei ihm stelle ich die ziemlich sichere Prognose, dass er ewig darauf wird warten müssen, in den Vintage-Himmel vorgelassen zu werden.

Das ist verrückt, denn Reisekoffer und -taschen, im Grunde Brüder und Schwestern des Aktenkoffers, ja sogar die eine oder andere lederne Aktentasche, wurden längst in den Vintage-Himmel aufgenommen. Es ist also neben den Geschichten, die alte Dinge erzählen, auch immer die Frage, aus welchem Kontext sie stammen. Einem Reisekoffer dichten wir eine große Story an – woher kommt er, wo war er schon, wohin geht er? –, und ist es einer von Louis Vuitton, kann sein Preis als Vintage-Stück sogar deutlich über dem Originalpreis liegen. So ein Koffer wurde vermutlich von zig livrierten Kofferträgern in den prächtigsten Grandhotels der Welt in die Präsidentensuite gebracht. Er wird in seinem Inneren nur mit den ausgesuchtesten Materialien Kontakt gehabt haben. Ein Louis-Vuitton-Koffer wurde niemals in den Gepäckraum eines Urlaubsfliegers geschmissen. Mit Sicherheit ist er immer First Class gereist – und meist auf Ozeanriesen. So stellen wir uns das vor. Vintage ist also zu einem großen Anteil auch einfach Einbildung, oder, um es richtig auszudrücken, Vintage belebt unsere Fantasie. Und weil diese keine Grenzen kennt und eine Vintage-Shoppingtour zum Ausufern bringen kann, kommt jetzt meine exklusive Liste der Vintage-Top-Ten:

LOUIS VUITTON

Den Reisekoffer hatten wir ja schon. Bei diesem Luxuslabel, das durch eine riesige Plagiatindustrie bekannt wurde, zählen aber vor allem Taschen zu den beliebtesten Stücken. Egal, was für ein Vuitton-Produkt es ist: vintage muss es sein. Das hat Stil. Fabrikneue Stücke hingegen sind leblos, sie sind die Prahlprodukte der Nouveaux Riches, der Neureichen, der Emporkömmlinge, die vor lauter schnellem Geld kein Stilempfinden entwickeln konnten.

Neuen Louis-Vuitton-Taschen muss man, wenn es nicht anders geht, daher unbedingt mithilfe von Lederöl und gezieltem Drauf-Herum-Trampeln einen Vintage-Look verpassen.

JEANS

Ein grässliches Teil, eine neue Jeansjacke – ein wunderschönes, wenn sie in die Jahre gekommen ist, wenn ihr Stoff weich, die Kanten angeraut sind. Dann erzählt die Jeansjacke die richtigen

Geschichten. Vom Wilden Westen, von James Dean, vom großen Abenteuer. Der Bluejeans geht es da nicht anders. Beiden, der Jeansjacke und der Bluejeans, kann man mit Steinen an den Stoff. *Handmade and stonewashed* – und die Jeans wird zum Einzelstück. Ein großartiger Nebeneffekt.

BEVOR MAN ALLES AUFKAUFT, WAS IRGENDWIE ALT UND GEBRAUCHT AUSSIEHT, MUSS MAN SICH FOLGENDE FRAGE STELLEN: »IST DAS SCHON VINTAGE ODER NOCH PEINLICH?«

SNEAKER

Sneaker vintage zu bekommen ist schwer. Sie müssen ja auch sitzen und noch gut in Schuss sein, damit man in ihnen laufen kann. Und vor allem riechen sollten sie nicht. Wer ein solches Paar hat – oder sogar mehrere –, kann sich glücklich schätzen. Wer keine hat, kauft neue und verabreicht ihnen eine Vintage-Kur: Wasser, Sand, Steine. Alles miteinander vermengen und dann die Schuhe durchziehen, reinwerfen, nach einer Stunde mit klarem Wasser abspülen und zum Trocknen aufhängen. Fertig.

LEDERSCHUHE

Wie bei allen Gegenständen aus Leder ist es auch beim Lederschuh: mit den Jahren wird das Leder weicher, es bekommt Patina. Bei Gelegenheit also den Schuh gebraucht kaufen – oder warten. Trotz allem muss der Schuh aber nach wie vor gepflegt werden. Sonst ist er nicht nur vintage, sondern auch kaputt.

LEDERJACKE

Eine richtige Aviator-Jacke braucht Charisma. Und das hat sie nur, wenn sie schon mal geflogen ist in einer einmotorigen, offenen Maschine. Sie muss sehr weiches, abgegriffenes Leder haben. Kauft ihr sie neu, lasst sie ein paar Jahre von der Neureichenfraktion eintragen.

ACCESSOIRES, SCHMUCK, UHREN, BRILLEN

Der Schmuck des Mannes sind die Manschettenknöpfe und die Uhrenkette. Vintage-Silber, gut gepflegt und gut poliert, unterstreicht eines jeden Lebenserfahrung. Auch die Rolex, der Porsche 911 unter den Uhren, hat ihr Maximum an Stil und Eleganz erst mit zwanzig, dreißig Lebensjahren erreicht.

Seit ein paar Jahren erfreut sich auch die Hornbrille eines großen Revivals. Eine Hornbrille ist selbstredend nicht aus Plastik. Sie ist aus Horn. Und man kauft sie ebenfalls gebraucht. Die meisten Optiker passen einem die Gläser dafür an.

VINTAGE IST ZU EINEM GROSSEN
ANTEIL EINBILDUNG, ODER,
UM ES RICHTIG AUSZUDRÜCKEN:
VINTAGE BELEBT UNSERE FANTASIE.

KROKO, SCHLANGE UND CO.

Alles aus Exotenleder wird gebraucht gekauft. Dafür muss dann kein neues Tier bei lebendigem Leib gehäutet werden. Neue Schlangenprodukte erzählen nämlich genau diese Geschichte, und die ist einfach nur out.

TWEED-SAKKOS

Tweed-Sakkos kann man ganz prima im Secondhandstore shoppen. Anschließend geht man zum Schneider und lässt sie anpassen. Schön eng und tailliert. *Welcome to the Empire, God Save the Queen.*

MOBILES

Automobile, Fahrräder, Motorroller und auch das Segelboot und die Yacht strahlen in schönstem Glanz, wenn ihre Zeitgenossen schon über den Jordan sind. Porsche 911, Hollandrad, Vespa und Riva Aquarama sind die Namen der besten unter den Vintage-Fortbewegungsmitteln.

GEPÄCK

Es muss nicht immer Louis Vuitton sein. Auch Koffer und Taschen kleiner Manufakturen lassen sich auf Flohmärkten und in Vintage-Stores finden. Damit man nicht jedes Stück kaufen muss, das einem gefällt, empfehle ich nach Koffern zu suchen, die die eigenen Initialen tragen. So ein Gepäckstück ist der Prinzgemahl unter den Vintage-Herrschern, fast schon ein Erbstück der Queen.

HUT AB – DIE HAARE

Hat ein Mann eine Frisur oder doch nur Haare auf dem Kopf, wenn er überhaupt noch welche hat? Wir stellen hier ein für alle Mal fest: Er hat eine Frisur. Sogar, wenn sie gänzlich ohne Haare auskommt.

Es gab diesen einen Moment – auch bei mir kam er viel zu plötzlich –, da wusste ich genau: »Thomas, wenn du kein Mönch werden willst, dann müssen die Haare jetzt ab.« Ich hatte zwar noch keine Geheimratsecken bis zum Nacken, aber ich war an jenem Punkt angelangt, an dem ich entscheiden musste: Haare oder Frisur. Ich wählte die Frisur – die Raspelkurzhaarfrisur –, und seitdem muss ich mich zumindest um diese Baustelle nicht mehr kümmern. Was keinesfalls bedeutet, dass nicht auch diese Frisur einer ordentlichen Pflege bedarf, im Gegenteil.

Haare ab ist eine einfache Lösung, die zunächst große Reaktionen hervorruft. Daher ist es ratsam, nicht direkt von schulterlang auf Glatze zu wechseln, sondern unbedingt ein paar Zwischenschnittschritte einzubauen: Mein guter Freund Tobias arbeitet in einem großen Unternehmen in ziemlich exponierter Position. Die wackelte eine Zeit lang ganz erheblich. Es begann, nachdem er mit seiner neuen Frisur, einer gut polierten Glatze, beim Verlassen seines Wagens auf dem Firmenparkplatz gesichtet wurde. Vorher trug er die Haar nach hinten, dem Griff in den Pomadetopf konnte er nicht widerstehen, aber zumindest ging er einigermaßen sparsam damit um. Er trug die Haare mittellang, was für den strengen Businesslook ebenso tauglich ist wie für leicht wehendes Freizeithaar auf der Segelyacht an der Kieler Förde. Dann entschied er sich, wegen seiner, wie er fand, erschreckend fortschreitenden Stirn, proaktiv für eine Glatze.

»Thomas,« sagte er mir später, »ich hab mir das nicht innerhalb von zwei Minuten überlegt. Das war ein langer Prozess, mit ziemlich vielen Meetings nur mit mir selbst. Das ist mir wirklich nicht leichtgefallen.« – »Du konntest dich darauf vorbereiten, aber von deinen Mitmenschen erwartest du, dass sie diesen Radikalschritt hinnehmen, ohne dass sie komisch gucken? Wir sind doch alle Gewohnheitstiere.«

EIN DREITAGEBART KANN SCHNELL UNGEPFLEGT WIRKEN. DAS TUT ER ABER NICHT, WENN DIE FRISUR FRISCH GESCHNITTEN IST UND DER ANZUG TADELLOS SITZT.

Nachdem er also aus seinem Auto gestiegen war, verfolgten ihn in den kommenden Tagen die Blicke der Kollegen. Und noch viel schlimmer: Kaum einer sprach ihn an, alle starrten. Tobias fühlte sich zunehmend unwohl unter seiner kahlen Haut. Seine frisch rasierte Kopfhaut leuchtete weiß vor dem wolkenverhangenen Himmel. Was die Leute wirklich dachten, verstand Tobias erst später. Er wäre im Leben nicht darauf gekommen, aber irgendwann rückte seine Sekretärin unter Tränen mit der Wahrheit heraus: Das hartnäckige Gerücht habe schon die Runde durchs Haus gemacht, die Kollegen Vorstände mutmaßten nämlich über eine Krebserkrankung. Sie trugen betretene Mienen zur Schau und wussten offenbar nicht, wie sie mit dem umgehen sollten, von dem sie glaubten, was sie sahen. Es wurde an Tobias' Stuhl gesägt, und alle taten so, als sei gar nichts.

Und je mehr sie so taten, desto mehr merkte Tobias, dass er etwas tun musste. Als er während einer Sitzung unruhig wurde, fragte einer sofort, ob sie eine Pause machen sollten. Mit hochgezogenen Augenbrauen erklärte Tobias, dass Eitelkeit zwar durchaus ein paar Nebenwirkungen haben könne, genauso wie Geheimratsecken, dass beides aber auf seine Gesundheit und Leistungsfähigkeit keinerlei Einfluss habe. Das Eis war gebrochen.

DER RÜCKENPELZ SOLLTE AM BESTEN ENTFERNT WERDEN. HAARE AUF DEM RÜCKEN BRAUCHT MAN SO WENIG WIE HAARE AUF DEN ZÄHNEN. DAS BRUSTHAAR ALLERDINGS MUSS NICHT UNBEDINGT DEM KAHLSCHLAG ZUM OPFER FALLEN.

Einen Typwechsel, wie Tobias ihn übers Wochenende vorgenommen hatte, sollte man nie radikal machen, es sei denn, die Menschen in eurer Umgebung sind eure Radikalität gewohnt. Wobei solch ein Entschluss auch dann oft wie ein Schnellschuss wirkt, der nicht zu Ende gedacht ist. Veränderungen wollen bewusst und strategisch geplant und umgesetzt werden. Das ist nicht nur im Management, sondern auch in Stil- und Modefragen das A und O. Kurzschlussentscheidungen hingegen, egal ob es welche sind, oder ob sie nur so wirken, schwächen euer Ansehen. Lieber langsam darauf hinarbeiten, kleine Schritte mit einem großen Ziel: mehr Stil.

Neben den Haaren auf dem Kopf hat der Mann auch noch welche im Gesicht. Machen wir also weiter mit dem Bart. Der war nun lange Zeit völlig verpönt. Glatt rasiert war im Business oft die einzig wirklich akzeptierte Variante. Ein Mann mit Dreitagebart war quasi schon als undisziplinierter Lebemann oder gar als Hochstapler entlarvt. Heute darf ein Bart wieder sein. Aber: nur ein paar Haare zu tragen, wo anderen Männern ein Bart wächst, macht noch keinen Bart. Man muss, am besten eignen sich dazu noch immer die Urlaubswochen, gut prüfen, ob der eigene Bartwuchs für eine Gesichtsfrisur reicht. Ob er dicht genug ist. Denn wer Flausen im Gesicht trägt, hat gemeinhin auch welche im Kopf. Da müssen wir uns noch nicht einmal mit Schaudern an die eigene Pubertät erinnern.

Stellt Mann fest, der Bartwuchs reicht, erscheint er nach dem Urlaub nicht direkt mit einem ausgewachsenen Vollbart. Den muss man ebenso kultivieren und entwickeln wie die Frisur und kann dabei die Sehgewohnheiten der Kollegen langsam schulen.

Trägt man einen Dreitagebart zum ersten Mal im Büro zur Schau, empfehle ich, vorher unbedingt einen Friseur zu besuchen. Ein Dreitagebart kann schnell ungepflegt wirken. Das tut er aber nicht, wenn die Frisur frisch geschnitten ist und der Anzug tadellos sitzt. Da sieht man sofort, da steckt volle Absicht dahinter und nicht bloß mangelnde Selbstdisziplin. Familie, Freunde, Bekannte und die Kollegen können sich so langsam an den neuen Anblick gewöhnen und ihn lieben lernen.

Radikales Vorgehen empfiehlt sich hingegen bei Nasen- oder Ohrenhaaren unbedingt und uneingeschränkt. Wer die zur Schau trägt, läuft Gefahr, dass die Fashion Police an seinem Stuhl sägt. Und zwar an allen vier Beinen gleichzeitig. Sichtbare Nasen- und Ohrenhaare gehören entfernt, egal wie man das am liebsten macht. Ob fachgerecht epiliert, gerupft oder abgeflammt – was nützen das stilvollste Outfit, das eleganteste Gehabe, die beste Frisur, wenn man mit Fühlern an den Ohren und in der Nase herumspaziert. Das suggeriert nicht nur, dass man nicht richtig in den Spiegel schauen kann, es wird so besonders deutlich, dass Selbstgefälligkeit nicht mit Stil kombinierbar ist.

Mit der weiteren Körperbehaarung hält man es, wie es gefällt. Auch wenn einem die Styling Guides der Hochglanzmagazine den komplett enthaarten Männerkörper als absolutes Ideal verkaufen wollen, gilt hier: Man muss wissen, durch weiße Oberhemden scheinen Brusthaare hindurch. Aber eben auch ein Rückenpelz. Der sollte, da will ich dem Diktat der Redakteure nicht widersprechen, am besten entfernt werden. Denn Haare auf dem Rücken braucht man so wenig wie die auf den Zähnen. Wer will, lässt sie dauerhaft entfernen, dann ist Ruhe. Das Brusthaar allerdings muss nicht unbedingt dem Kahlschlag zum Opfer fallen. Da finde ich, ist selbstbewusste Entscheidungsfreiheit an den Tag zu legen. Mein absoluter Favorit ist weder der Pelz noch die Kahlschlagvariante sondern ein gepflegt gestutztes Brusthaar. Außerdem empfehle ich, die Schamhaare kurz zu halten. Sie gänzlich zu entfernen, sieht dämlich aus, wenn im weiteren Verlauf oben die Bauchbehaarung und weiter unten die Beinbehaarung dann wie aus dem Nichts beginnen. Will man blank sein, muss schon alles ab. Rasierte Achselhöhlen können ebenfalls durchaus männlich sein. Aber rasierte Beine sind und werden es, mit Verlaub, niemals sein. Und über den Zugewinn an Aerodynamik bei Rennradlern ob ihrer rasierten Beine hatte ich schon immer so meine Zweifel.

SPORTS, SPORTS, SPORTS

Berlin, Flughafen Tegel. Ich holte Sabrina, meine beste Freundin und italienische Modeexpertin, vom Flughafen ab. Sie trat durch die Tür, sah umwerfend aus und lächelte ins Blitzlichtgewitter einer großen, aufgeregten Pressemeute, als hätten die Fotografen ihretwegen Stellung bezogen. Direkt hinter ihr kam Jogi Löw mit der Nationalmannschaft durch die Tür. Alle trugen diese perfekt sitzenden, lässigen, modisch geschnittenen Repräsentationsanzüge mit den schmalen Hemden darunter.

Sabrina und ich begrüßten uns überschwänglich. Dann sagte sie: »Thomas, wenn alle deutschen Männer so aussehen, dann hat sich ihr Modeverständnis aber sehr gut entwickelt!« Ich klärte Sabrina auf, mit wem sie da gerade fotografiert worden war. »Aha! Sport«, sagte sie, »ist eben doch die Keimzelle für guten Geschmack.« – »Ja und nein«, sagte ich. »Im Profisport hat sich einiges getan, das ist richtig. Die Athleten vertrauen ihren Stylisten, haben Profis an der Hand, und die Ergebnisse können sich wirklich sehen lassen.« – »Und davon lernen die anderen deutschen Männer nicht?« Gute Frage, Sabrina!

Natürlich halten wir Männer uns fit. Das ist auch das Beste, gerade wenn wir älter werden. Ihr müsst eure Agilität behalten. Ihr müsst kein Adonis – mehr – sein, aber fit und leistungsstark. Ausdauer- und Krafttraining, Laufen am Morgen und abends ins Fitnessstudio. Wenn ihr eure Frauen begeistern wollt, achtet ihr ohnehin auf euren Körper. Durchtrainierte Bodys aber bringen Sabrina schon lange nicht mehr aus der Fassung, es waren vielmehr die Outfits des Nationalteams, und die Eleganz und Lässigkeit, die die Spieler damit ausstrahlten. Wobei ich nicht ausschließen möchte, dass zu dem strahlenden Lächeln auch das eine entscheidende Tor einiges beigetragen hat.

Auf dem Weg zu Sabrinas Hotel steckten wir im Stau. »Guck mal«, sagte ich, »da oben ist die andere Realität des deutschen Sports.« Hinter großen Panoramafenstern im ersten Stock eines grauen Hochhauses strampelten Herren auf Laufbändern, saßen auf Fahrrädern oder lagen auf der Drückbank.

DER SPORT IST FÜR DIE WESTLICHE HERREN-MODE EIN TRADITIONELLER BRUTKASTEN: VIELE UNSERER KLEIDUNGSSTÜCKE HABEN IHREN URSPRUNG IM MANNSCHAFTSSPORT.

»Sind das die Fußballjungs?«, fragte Sabrina und konnte sich ein Lachen nicht verkneifen.

»Lieber Gott, nein! Das sind ihre Fans, die auch solche Körper haben wollen.«

»Aber was haben die denn an?«

»Eben.« Ich klärte sie auf: Das Sportstudio ist in Deutschland so etwas wie eine Altkleidersammlung. Bevor die Leichtmetallfelgen am Auto mit einem zerschlissenen T-Shirt gereinigt werden, wird es noch mindestens ein Jahr lang beim Sport getragen.

»Liebling«, fragen die Frauen, »kann das weg?«

»Nein«, lautet die immer gleiche Antwort, »das kann ich noch im Fitnessstudio tragen.«

Im Mikroklima der Muckibuden können sogar die pludrigen Sporthosen aus Ballonseide ihr erhofftes Höchstalter von drei Jahren nach ihrem Boom Anfang der Neunziger um ein Vielfaches überschreiten. Warum nur? Vermutlich, weil Mann nichts wegschmeißen kann. Er heißt ja nicht umsonst Jäger und Sammler. Wobei wir den Sammlungstrieb öfter einmal zugunsten des Sortiertriebes hintanstellen sollten. Ihr denkt mit Sicherheit: »Beim Sport sieht mich doch keiner.« Das ist eine geschmacksgefährliche Annahme. Ihr sollt euch eben nicht für andere schön anziehen, sondern für euch. Auch und gerade, wenn ihr trainiert, wenn ihr lauft, wenn ihr euch fit haltet. Sport, liebe Männer, ist nicht nur für den Körper gut, sondern auch für den Geist. Durch die Fitness bewegt ihr euch besser, eure Gestik ist anders als bei einem nassen Sack, eure Körperhaltung spricht Bände. Das ist aber nur die eine Seite der Medaille. Zwar sieht man bei einem nackten, durchtrainierten Mann nur den Körper, der kluge Geist dahinter offenbart sich aber im Outfit, das er darüber trägt. Der Sport ist für die westliche Herrenmode ein traditioneller Brutkasten.

STIL UND ETIKETTE SIND HEUTE KEINE FRAGE DES ELTERNHAUSES MEHR, SIE SIND DANK INTERNET AUCH VIEL SCHNELLER UND FÜR JEDEN ANTIZIPIERBAR.

Viele unserer Kleidungsstücke haben ihren Ursprung im Mannschaftssport. Oft erkennt man das noch am Namen. Denkt mal an die Polo- oder Rugbyshirts. Denkt an die Tennismode. Selbst der Blazer hat eine sportive Vergangenheit, die man ihm auch heute noch ansieht. Er war im 19. Jahrhundert ein Trikotteil englischer Ruderclubs. Und im Golfsport gilt bis heute eine sehr strenge Kleiderordnung: Lange Stoffhose zu einem Hemd mit Kragen. Diese Vorgabe hat nicht so lange überlebt, damit sich der Golfer von der übrigen Gesellschaft abhebt, sondern damit er gut aussieht und in angemessenem Äußeren Sport treibt. Und wenn alle gut aussehen, sind Herkunftsunterschiede marginal. Wenn alle gut aussehen, treten die Persönlichkeiten wieder in den Vordergrund. Stil und Etikette sind heute keine Frage des Elternhauses mehr, sie sind dank Internet auch viel schneller und für jeden antizipierbar. Sie bilden die optische Grundlage, ob beim Sport oder bei offiziellen Anlässen. Mode ist der Nährboden, auf dem die Erfolge wachsen.

DAS SPORTSTUDIO IST IN DEUTSCHLAND SO ETWAS WIE EINE ALTKLEIDERSAMMLUNG. BEVOR DIE LEICHTMETALLFELGEN AM AUTO MIT EINEM ZERSCHLISSENEN T-SHIRT GEREINIGT WERDEN, WIRD ES NOCH MINDESTENS EIN JAHR LANG BEIM SPORT GETRAGEN.

PEDALRITTER

Das stilvollste Fortbewegungsmittel gleich nach dem Orient-Express ist das Fahrrad. Und das Fortbewegungsmittel der Zukunft ist es auch. Wann immer es geht, lasse ich das Auto stehen und nehme das Rad.

Wobei ich weder mit dem Rennrad noch mit dem Mountainbike unterwegs bin und ich auch keines dieser schicken Ballonreifenräder oder gar ein Fixie, also eines dieser ultrahippen Bikes ohne Bremsen und Gangschaltung, mein Eigen nennen kann. Meine alte Dame, meine Frau Antje, wie ich sie liebevoll nenne, ist ein schon ein paar Jahrzehnte altes, aber immer noch taufrisches Hollandrad der Marke Gazelle. Ich kann aber auch jeden Mann verstehen, der das Rad als Accessoire begreift und für jeden entsprechenden Anlass ein passendes Exemplar besitzt: Vom Hollandrad bis zum Fixie.

Auf Frau Antje absolviere ich die täglichen Wege zum Atelier oder schaue auf einen Blitzbesuch in unserem Showroom vorbei. Dabei verausgabe ich mich nicht wie manch ein Fitnessfreak, sondern lasse es langsam angehen. Dennoch sind die täglichen Kilometer am Rhein entlang für meinen Körper auch nicht verkehrt. Außerdem habe ich keine Lust, Stunden meines Lebens für die Suche nach einem nicht vorhandenen Parkplatz zu opfern. Noch einmal: Das Fahrrad ist mein Fortbewegungsmittel Nummer Eins.

Fahrradfahren verlernt man nicht, insofern ist es auch nach langjähriger Abstinenz gut möglich, sich wieder auf den Sattel zu schwingen. Ja, ich weiß, jetzt kommt es, das große Aber: Anzug und Rad, das geht nicht zusammen. Und wenn es regnet, dann schon gar nicht. Nun, Letzteres ist sicher etwas für Fortgeschrit-

HERRENFAHRRAD

tene, aber mein guter Freund Roman fährt jeden Tag – und wenn ich jeden Tag sage, dann meine ich jeden Tag – auf dem Fahrrad ins Büro. Roman ist Anwalt und zwar nicht irgendeiner, sondern Partner bei einer dieser Riesenkanzleien, die Stundensätze haben, über die wir Normalsterblichen schon als Monatsgehalt Luftsprünge machen würden. Sein Trick ist, dass er sich im Büro umzieht und nicht zu Hause. So ruiniert er seinen Anzug nicht auf dem Weg zur Arbeit und kann bei Regenwetter auch einmal eine Plastikhaut anlegen, um trocken anzukommen. Wobei er selbst dabei genügend Stilbewusstsein an den Tag legt: Als Regenkleidung dient ihm entweder ein ausgedienter Nässeschutzanzug von der Bundeswehr oder seine Nordwester-Garnitur vom Segeln. Zugegebenermaßen: Seine Anzüge und Hemden für die Woche fährt er nicht selbst, sondern gönnt sich den Luxus und bucht jeden Montag einen Fahrradkurier, der ihm den Kleidersack mit frisch gebügelten Hemden, Krawatten und Anzügen ins Büro bringt.

ANZUG UND RAD, DAS GEHT SEHR GUT ZUSAMMEN. AUCH WENN ES REGNET. MAN MUSS NUR WISSEN, WIE MAN ES AM BESTEN ANSTELLT.

Ihr seht, *anything goes*. Und weil wir hier über Männermode reden und weil meine Leser volljährig sind, erlaube ich mir hier ganz frank und frei eine gefährliche Meinung: Ein Fahrradhelm ist der Gesundheit unbedingt zuträglich, und es gibt inzwischen sogar schon einige ganz ziemliche Exemplare, die dem klassischen

Reithelm nachempfunden und mit Tweed überzogen sind, aber der Frisur fügt so ein Fahrradhelm jedes Mal aufs Neue einen üblen Schaden zu. Was jetzt wichtiger ist, das muss jeder Manns genug sein, für sich selbst zu entscheiden.

Auf einem Fahrrad gut auszusehen, ist aber auch ohne Helm gar nicht mal so einfach. Viele unserer Lieblingsstücke sind nicht wirklich passend. Je öfter wir sie auf dem Rad tragen, desto schneller gehen sie kaputt. Gerade Woll- oder Leinenhosen sind für das ewige Scheuern am Sattel nicht ausgelegt, ich weiß sehr genau, wovon ich spreche. Und auch der Hosensaum verzeiht es einem auf Dauer nicht, wenn man auf einem Singlespeed ohne Kettenschutz unterwegs ist. Das gibt nicht nur Flecken, sondern im schlimmsten Fall auch richtige Schadstellen.

Seit der große Schwede zusammen mit dem Kultbikehersteller Brick Lane Bikes eine eigene Radkollektion für Männer aufgelegt hat, ist die Velofashion im Mainstream angekommen. Zumindest an dieser Stelle muss man die Schweden doch einmal loben. Sie haben versucht, alles richtig zu machen, was geht: Erstens, die Stoffe sind bio oder zumindest *recycled*. Zweitens, die Oberteile sind etwas länger geschnitten und schützen so das radelnde Hinterteil besser. Drittens, die dazugehörige Hose ist im Schritt verstärkt. Und das Allerbeste, und das gilt nun nicht nur für die Schweden, endlich ist Fahrradmode kein Synonym mehr für Funktionskleidung, sondern begleitet uns mit nostalgischer Eleganz und mit für den Zweck besonders probaten Materialien und Schnitten.

Wie man es richtig macht, zeigt auch das britische Modelabel John Boultbee, dem man allerdings zugute halten muss, dass es ziemlich eng verwandt ist mit einem anderen Klassiker der Velowelt, nämlich mit dem Ledersattelguru Brooks. Und weil die Stücke eben von Briten gefertigt sind, können wir uns sicher sein, dass sie nicht nur mit dem echten Understatement daherkommen, sondern noch dem fiesesten englischen Wetter etwas entgegenzusetzen haben, was den Radfahrer ja durchaus mehr interessiert als den Autofahrer hinter der sicheren Windschutzscheibe.

Übrigens, wer es lieber mit der neuen Welt und dem Großstadtdschungel von New York oder Los Angeles hält als mit *good old Britain*, dem sei eine kleine Manufaktur in Brooklyn wärmstens ans Herz gelegt: Outlier heißt die, und auch wenn mir nicht jedes ihrer Shirts gefällt, die Hosen sind über alle Zweifel erhaben, da könnt ihr vermutlich einmal um die Welt radeln, bis die an den Knien oder zwischen den Pobacken ausdünnen und aufreißen.

EIN FAHRRADHELM IST DER GESUNDHEIT UNBEDINGT ZUTRÄGLICH, ABER DER FRISUR FÜGT ER JEDES MAL AUFS NEUE EINEN ÜBLEN SCHADEN ZU.

Übrigens, egal wohin ihr unterwegs seit: Die Fashion Police holt auch den letzten Radfahrer von der Straße, der in einem dieser hautengen Tour-de-France-Leibchen samt gepolstertem Höschen unterwegs ist. So schnell kann man selbst aufgrund des reduzierten Luftwiderstandes gar nicht sein, als dass nicht jeder, der einen zu Gesicht bekommt, vor Schreck die Augen schließen würde, um diese Litfaßsäule auf zwei Rädern halbwegs ignorieren zu können.

DAS AUTOMOBIL

Manchmal wünsche ich mir, dass ein Auto die Flucht vor seinem Besitzer ergreifen könnte. Und zwar dann, wenn der das, was er mit seinem Auto zeigen möchte, durch sein Outfit gleich wieder zunichtemacht.

Es ist doch wirklich zum Heulen: Das Auto glänzt, die ganze Welt spiegelt sich im Lack, die Felgen wurden mühsam aufbereitet, der Motor klingt euphorisierend wuchtig, und dann hält der Wagen an, und der Fahrer steigt aus. Wumms. Wunderbares Auto trifft Was-ist-denn-das-für-ein-Outfit. Mitunter ist die Spannung zwischen den zwei Erscheinungen so groß, dass ich die Hoffnung habe, der Fahrer möge um das Auto herumgehen und dem wirklichen Inhaber die Tür öffnen.

Mein Mann Sandro sagt in solchen Momenten dann jedes Mal trocken: »Die am stilvollsten gekleideten Automenschen sind doch immer die Chauffeure.«

Er hat wohl recht. Zumindest im Autoland Deutschland. Und das, liebe Männer, ist wirklich ein Skandal. Ihr könnt nicht all euer Stilbewusstsein auf euer Auto beschränken. Lasst etwas für euch übrig. Der Showeffekt, wenn ihr im richtigen Outfit aus eurem Auto steigt, ist ungleich höher, als wenn ihr tragt, was Mutti morgens rausgelegt hat.

Natürlich könnt ihr das Geld nur einmal ausgeben. Aber teilt es euch besser ein. Wenn jemand über hunderttausend Euro für einen Wagen ausgibt oder zweitausend Euro für die monatliche Leasingrate übrig hat, erwartet das stil- und qualitätsgeschulte Auge, dass er auch das notwendige Kleingeld aufbringt, um Maßhemden und Maßanzüge, Maßschuhe und dergleichen zu erwerben.

Hält irgendwo ein 08/15-Auto, muss ich in Deutschland schon davon ausgehen, dass das Outfit, das ich gleich sehen werde, diesen Namen nicht verdienen wird. Umso größer ist die Überraschung, wenn einer Rostlaube ein Mann entsteigt, dessen Geschmackssinn nicht nur in der Garage existiert. Wer so herum priorisiert, Superoutfit trifft Klapperkiste, weiß genau, worauf er Wert legt, plant den Überraschungseffekt mit ein. Ein nahezu perfekter Auftritt. Noch lieber habe ich es aber, wenn beides zusammenpasst. Wer aber auf seinen 911 noch sparen muss, sollte genau das tun und bis dahin die Passanten positiv erschrecken, wenn er aus seinem Übergangsfahrzeug springt.

Ein stilvolles Fahrzeug muss nicht eben viel kosten. Vintage ist auch hier der Schlüssel zum optischen Erfolg. Die großen Reisewagen der Achtzigerjahre, vor allem die, die in den Siebzigern entworfen wurden, sind heute als Young- oder Oldtimer eine Augenweide und als Alltagsklassiker ein Ausbund an Bequemlichkeit. Und vor allen Dingen noch bezahlbar.

Ja, noch ältere Wagen sind meist noch schöner, aber eben weniger bequem, und, ja, neue Fahrzeuge sind sicherer. Aber wie oft fliegen wir in fünfundzwanzig Jahre alten Flugzeugen, setzen auf fünfzig Jahre alten Fähren über oder fahren mit Aufzügen von 1930 in die Atelierräume von Werbeagenturen? Pflege und Wartung sind das A und O – was für Autoenthusiasten keine Hürde ist.

Mir geht das Herz auf, wenn ich beispielsweise Fahrzeuge der britischen Automobilhersteller Aston Martin, Bentley, Rolls-Royce, Jaguar oder Mini sehe. Das sind wahre Autos, weil sie die Form zwar über die Funktion stellen, aber der Funktion auch in der fünften Generation immer sichtbaren Raum lassen. Kein Wunder, dass viele Modeklassiker auf der Insel erfunden wurden.

Selbstverständlich ist die Wahl eines Autos immer eine Typ- und Geschmacksfrage. Und ich verurteile niemanden, der in einem Fahrzeug anderer Hersteller und anderer Baujahre vorfährt. Aber ich möchte sehen, dass dieser Mensch weiß, wie sein Auto aussieht. Und dass er sich nicht nachlässig kleidet.

WENN ICH MICH FÜR EIN EINZIGES AUTOMOBIL ENTSCHEIDEN MÜSSTE, DANN EINDEUTIG FÜR EINEN PORSCHE 911 CARRERA.
ER HAT DIE PROTOTYPISCHE FORM EINES AUTOMOBILS. DER 911 IST DAS PARADEBEISPIEL FÜR CLASSIC WITH A TWIST.

Wenn ich mich unter allen Automobilen für ein einziges entscheiden müsste, dann bleiben alle Bentleys und alle anderen Briten auf der Strecke, dann kann ich nur einen Porsche 911 Carrera als mein Maß aller motorisierten Dinge bezeichnen. Er hat die prototypische Form eines Automobils. Sie zitiert bis heute die großartigen Kfz-Silhouetten der stilprägenden Zwanziger-, Dreißiger- und Vierzigerjahre, die lange Schnauze, das runde Heck. Von einer flachen, windschnittigen Dachlinie gekrönt, kauert er mit muskulösen Kotflügeln stabil und sportlich auf dem Asphalt.

Vom Ur-Modell bis zur aktuellen siebten Generation hat sich an diesen Parametern nichts verändert. Die Linien sind modern

PORSCHE 911

geblieben. Der 911 ist das Paradebeispiel für *Classic with a twist*. Der Twist sind hier wohl die kontinuierlich verbesserten Fahreigenschaften, die Anpassung an die jeweilige Modernität. Den Stil eines Neunelfers aber kann man nicht verbessern. Das wissen die Porsches. Das bestimmt ihren weltweit so fantastischen Ruf.

Doch ich will auch mein geliebtes Italien nicht außen vor lassen. Was wäre Capri ohne den alten Fiat 500? Was wäre Rom ohne die knatternden Dreiräder von Ape? Was wäre Florenz ohne seine Vespa-Schwärme? Diese drei völlig unterschiedlichen Fahrzeugtypen bestimmen nach wie vor das Erscheinungsbild der Stiefels im Mittelmeer. Sie charakterisieren die italienische Lässigkeit, sind optimiert für die engen Gassen, sie strahlen Lebensqualität und Lebensfreude aus. Wenn ich solche Gefährte in Deutschland sehe, zaubern sie mir ein Lächeln ins Gesicht. Ganz so wie ein gutes Outfit.

Reisen und Gepäck

Quadratisch. Praktisch. Gut. Nun ja, nicht ganz so, aber ganz ähnlich könnte die Begründung lauten, wieso Heerscharen von Männern montagmorgens mit ihrem Rollköfferchen über das Pflaster in Richtung Bahnhof oder Flughafen rollern. Meine Großmutter hat sich noch im hohen Alter dagegen gewehrt, ihre Einkäufe mit so einem kleinen Ziehwägelchen nach Hause zu bringen, weil ihr das schlicht nicht angemessen erschien. Lieber trug sie ihre Einkaufstaschen selbst, später ließ sie sich im Taxi nach Hause fahren, und der freundliche Taxifahrer trug ihr immer auch die Taschen in den dritten Stock, ohne auf das Trinkgeld zu schielen, das meine Großmutter natürlich nicht vergaß. Was ich damit sagen will? Ganz simpel: Bequemlichkeit ist der größte Feind des Stils, und Rollköfferchen, die auf Bordgepäckgröße geschrumpft wurden und in denen außer einem Laptop, zwei Hemden und einer Waschtasche sowieso nichts mehr Platz findet, können gar nicht so schwer wiegen, als dass ich sie hinter mir herziehen müsste. Selbst Wackersteine sollten mit mehr Würde getragen werden.

Es macht dabei auch nichts, wenn ich meinen Koffer zwischendurch mal abstellen muss oder einfach mal umgreife und ihn abwechselnd in der linken und der rechten Hand über den Bahnsteig oder durch das Terminal trage.

Zugegeben, auch ich bin nicht immer konsequent mit mir selbst und besitze von früheren Momenten der Schwäche noch immer einige wenige Gepäckstücke mit Rollen darunter, aber die lasse ich immer öfter zu Hause und entscheide mich stattdessen für eines der folgenden Gepäckstücke, die nicht nur auf Reisen immer eine gute Figur machen:

EIN ANZUG- ODER KLEIDERSACK

Ich meine selbstverständlich nicht, dass ihr mit dem Plastik- oder Baumwollüberzug auf Reisen geht, in dem euch der Herrenausstatter den letzten Anzug übergeben hat. Diese herkömmlichen Überwürfe taugen nur für die Kurzstrecke, höchstens bis in die Reinigung und zurück oder zur möglichst staubfreien Lagerung im heimischen Kleiderschrank, aber niemals für die Reise. Ein richtiger Kleidersack, im Englischen *garment bag* genannt, hat sehr viel mehr Würde, als sein Name uns weismachen will. Er ist aus fester Baumwolle gefertigt, seine Wetterseite kann zum Schutz vor Regen und sonstigen Unbilden auch aus Leder sein. Das macht ihn etwas schwerer. Und auch wenn wir nicht aus Zucker sind und nicht rollern wollen, unnötigen Ballast benötigen wir auf Reisen genauso wenig. Im *garment bag* ist in der Regel ein Bügel für den Anzug befestigt, zwei Anzüge übereinanderzulegen ist auch kein Problem. Zusätzlich hat ein guter Anzugsack immer noch Extrastauraum für ein oder zwei Hemden, Begleiter wie Gürtel oder Manschettenknöpfe und vielleicht sogar für ein kleines Reisenecessaire. Man sollte darauf achten, dass der Kleidersack einen gut gepolsterten und breiten Tragegurt besitzt, und wenn man den gefüllten Anzugsack dann zum Transport zusammenlegt, geht er in der Regel problemlos als Handgepäck durch.

KOFFER

Wer ohne Kleidersack verreist, muss nicht zwingend ohne knitterfreien Anzug auskommen: Wie immer im Leben hilft auch hier die richtige Technik. Wichtig ist, dass mein Koffer mindestens genau so breit ist wie die Schulterlänge meines Sakkos.

Wenn es kein Hartschalenkoffer ist, sondern ein weicher Lederkoffer, lege ich zuerst ein Handtuch in den Koffer, dann folgt der Anzug. Ich lege das Jackett mit der Schulterpartie zuerst in den Koffer, dann folgt eine Lage Seidenpapier, bevor ich die gefaltete Anzughose darauflege, und danach wieder eine Lage Seidenpapier. Dann schlage ich die Ärmel vorsichtig über dem Seidenpapier zusammen und lege zum Schluss das Unterteil des Sakkos, das noch aus dem Koffer schaut, hinein.

Zeigen sich trotz der professionellsten Origami-Technik Falten, sei es von der Lagerung, dem Transport oder vom Tragen selbst, hilft es, den Anzug nach dem Duschen auf einen Bügel ins feuchtwarme Badezimmer zu hängen. Der warme Wasserdampf sorgt dafür, dass sich die Falten glätten. So kann ich das Sakko zur Not noch einmal tragen. Das funktioniert übrigens auch bei Oberhemden. Die bessere Alternative zur heißen Dusche heißt allerdings schlicht und ergreifend Bügeleisen. Um dessen übermäßigen Einsatz am verknickten Hemdkragen zu vermindern, fülle ich beim Kofferpacken die Kragenweite mit zusammengerollten Wäschestücken. Das Bügeln nach der Ankunft ersetzt das nicht, macht es aber bloß zu einem kurzen Intermezzo zwischen Zimmerbezug und anschließenden Terminen.

Doch wie sieht mein Koffer nun aus? Wer es klassisch mag, der reist standesgemäß nur mit einem Koffer. Und zwar wahlweise mit einem ledernen von Louis Vuitton und Co. – vintage, versteht sich. Auch wenn die Zeiten der großen Atlantiküberfahrten genauso vergangen sind wie Schrankkoffer und Reisetruhen – ein klassischer Koffer ist noch immer die schönste Wahl für jeden Gentleman.

Da wir die meisten Reisen heute aber mit dem Flugzeug absolvieren und sich die Airlines nichts Besseres ausdenken können, als jeden Tag mal wieder das zulässige Gesamtgewicht des Gepäcks zu reduzieren, um uns hier ein paar Euro und dort ein paar Euro extra abzuknöpfen, macht es durchaus Sinn, auch beim Gewicht des Koffers selbst zu sparen. Die stilvollste Variante kennt nur einen Namen, nämlich Richard Morszeck Warenzeichen. Er versteckt sich hinter dem allseits bekannten Kürzel Rimowa. Rollenlose Alukoffer von Rimowa sind inzwischen in der Minderzahl, aber noch immer zu bekommen, zum Beispiel das Modell Classic Flight. Oder man entscheidet sich auch hier für ein Vintage-Modell. Man kann ihn im Netz ersteigern und dann den Verkäufer ganz einfach bitten, die Paketmarke für den Versand direkt auf den Koffer draufzukleben. Muss man gar nicht einpacken, diese Dinger sind schlicht unkaputtbar.

BEQUEMLICHKEIT IST DER GRÖSSTE FEIND DES STILS.

(Auch wenn ich bekanntermaßen kein Fan des Aktenkoffers bin, so sei er hier doch kurz erwähnt. Für den Daytrip, wenn es anders gar nicht geht, gibt es eine einzige Marke, deren Aktenkoffer sogar meine Fashion Police anstandslos durchwinken würde, nämlich die des englischen Haus- und Hoflieferanten Swaine, Adeney and Brigg. Er ist auch ihrer Majestät *umbrella maker*, königlicher Hersteller von wunderbaren handgefertigten Regenschirmen. Man findet ihn in der South Audley Street im Londoner Stadtteil Mayfair. Auch der »SAB Bond«, der schwarze

Attaché-Koffer, den 007 in *Liebesgrüße aus Moskau* verwendet, ist ein Aktenkoffer, den die Fashion Police durchgehen lässt. Aber Vorsicht, die Kollegen vom Zoll finden auch das geheimste, auf speziellen Kundenwunsch eingearbeitete Versteck, fürchte ich.)

ROLLKÖFFERCHEN, DIE AUF BORDGEPÄCKGRÖSSE GESCHRUMPFT WURDEN, KÖNNEN GAR NICHT SO SCHWER WIEGEN, ALS DASS MAN SIE HINTER SICH HERZIEHEN MÜSSTE. SELBST WACKERSTEINE SOLLTE MAN MIT MEHR WÜRDE TRAGEN.

ALLES DRIN: DIE KEEPALL

Während man früher als Herr um Taschen einen weiten Bogen gemacht hat, gilt das heute nur noch für die hoffentlich längst ausgestorbene Herrenhandtasche, die mit einem Kunstlederriemen um das Handgelenk getragen wurde. Solche Exemplare dürfen höchstens noch zu Motto- oder Bad-Taste-Partys ausgeführt werden. Ansonsten gilt: Männer und Taschen sind ein perfektes Paar, und zwar zu fast jedem Anlass. Wunderschön für den Alltag, aber auch für eine kleine Städtereise am Wochenende ist die sogenannte Keepall. Ihr Name ist Programm, in die Keepall passt eben alles rein, was man für ein gelungenes Wochenende in Kopenhagen, Mailand oder Breslau braucht, und sie macht auch nicht schlapp, wenn sich vor dem Rückflug noch ein paar Neuanschaffungen hinzugesellen. So eine Tasche ist ein absolutes Must-have. Sie sollte meinen Look unterstreichen, meinen Stil betonen und immer so schick sein, dass sie als Accessoire Aufmerksam-

KEEPALL

keit erregt, aber doch so klassisch und so unauffällig, dass die Kirche im Dorf bleibt und die Tasche nicht zum Mittelpunkt meines Modeuniversums wird. Grobe Baumwolle mit einem schönen neongelben Streifen, Paisleymuster von Etro oder auch der Klassiker aus braunem Leder von Mulberry: Alle haben sie einen Tragegurt, den ich in der Regel unbenutzt lasse, stattdessen trage ich die Tasche lässig an den beiden Henkeln.

Übrigens, es gibt nur eine Sache, bei der die Fashion Police noch schneller und mit der ganzen drastischen Härte des Modegesetzes zuschlägt, und das sind Rucksäcke. Ein alter Schweizer Wander- oder Militärrucksack gehört in den alpinen Urlaub oder, wenn er gerade nicht gebraucht wird, in den Keller. Die Herstellung von Tagesrucksäcken sollte eigentlich per Gesetz verboten werden.

AUCH WENN DIE ZEITEN DER GROSSEN ATLANTIKÜBERFAHRTEN GENAUSO VERGANGEN SIND WIE SCHRANKKOFFER UND REISETRUHEN, EIN KLASSISCHER KOFFER IST NOCH IMMER DIE SCHÖNSTE WAHL FÜR JEDEN GENTLEMAN.

WEEKENDER

Wer nicht mit einem sperrigen Koffer reisen will, der kann lässig wie ein Matrose mit einem *duffel bag*, einem Seesack, reisen. Allerdings hält dieser deutlich mehr Stauraum vor als für einen Wochenendtrip normalerweise vonnöten ist. Hier kommt der Weekender ins Spiel. Er ist der etwas größere Bruder der Keepall und taugt auch als Tasche für die täglichen Unternehmungen oder das Büro, schließlich findet neben dem Laptop und den wichtigsten Papieren auch ein Fahrradhelm darin Platz oder der spontane Markteinkauf für ein Dinner zu zweit – Champagnerflasche inklusive. Und wenn es mit dem Flieger losgeht, kann der Weekender auf jeden Fall mit in die Kabine. Aber bitte nicht einfach alles, was ich für ein schönes Wochenende in Zürich oder Lissabon brauche, in die Tasche stopfen und den Reißverschluss zuziehen. Da ein Weekender ebenso wie die Keepall nicht unterteilt ist und höchstens über ein Dokumentenfach im Futter verfügt, muss man beim Packen mit einiger Sorgfalt vorgehen: Schuhe, auch Sneaker, gehören in Schuhsäckchen aus Stoff. Ein Freund hat von seinem letzten Besuch in Zürich einen ganzen Haufen kleiner Vintage-Leinensäckchen mitgebracht. Die sind aus dem Bestand der Schweizer Armee und von allerbester Qualität, fest und leicht zugleich und mit einem Schnürzug versehen. Die aufgedruckten Schriftzüge wie »Zucker« oder »Salz« erzählen noch von ihrem ursprünglichen Verwendungszweck, heute sind sie ideal für Socken und Unterhosen oder als Leichtbauersatz für einen Kulturbeutel und ernten erstaunte Blicke bei der Sicherheitsüberprüfung am Flughafen. Weekender gibt es von allen großen und kleinen Modelabels, ganz toll finde ich die von Ghurkha. Aber was Taschen als It-Accessoires angeht, können wir Herren es halten wie die Damen: Man kann davon nie genug haben, egal ob von Gucci, Etro, Prada oder Ralph Lauren. Und zuletzt die Frage: Leder oder Stoff? Am besten beides!

WEEKENDER

III

TEILE UND ZUBEHÖR

DER MANN IM SOMMER ODER: EIS MIT STIL

Im Sommer wird der Kleiderschrank des stilvollen Mannes auch nördlich der Alpen zur italienischen Boutique – das ist meine Hoffnung. Was für den Sommer in Deutschland gilt, ist natürlich auch für den Strandurlaub in aller Welt obligatorisch. Niemand möchte dem Klischee des deutschen Touristen mit bedrucktem T-Shirt, Dreiviertelüberlebenshose, Adiletten und Bierflasche entsprechen. Aber nur die Bierflasche wegzulassen, bringt überhaupt nichts. Nein, da ist mehr drin. Darum hier meine sechs Tipps für die männliche Sommergarderobe:

FÜR DIE FÜSSE

Am besten sind die sogenannten Loafer, wie Gucci sie in den Sommerkollektionen immer wieder hervorzaubert: Einfache italienische Schuhe, die nicht nur Leichtigkeit ausstrahlen, sondern tatsächlich auch bei hohen Temperaturen kein Klotz am Bein sind. Schon John F. Kennedy hat sie gerne getragen. Auch leichte Lederslipper sind für den Aufenthalt in der Sonne bestens geeignet. Flip-Flops dürfen sein, aber bitte wirklich nur am Strand oder in der Badeanstalt und mit schön gepflegten Füßen. Adiletten gehören, wenn überhaupt, aufs Nachbargrundstück. Eigentlich gehören sie komplett und zu hundert Prozent verboten. Das wäre doch mal eine sinnvolle EU-Gesetzgebung, anstatt den guten alten sanften Glühbirnen den Garaus zu machen.

FÜR DEN KOPF

Als Kopfbedeckung finde ich im Sommerschrank zwei italienische Borsalinohüte. Einen aus beigefarbenem Filz und den anderen aus Stroh. Zwei Schattenspender *to go.*

FÜR DEN OBERKÖRPER

Für den Tag am Strand hängen ein hellblaues und ein roséfarbenes Oberhemd mit langen Armen und einfachen Sportmanschetten im Schrank. Wer partout auf Doppelmanschette schwört, der soll darauf nicht verzichten müssen. Ich empfehle ihm, die Manschettenknöpfe nur auf der Außenseite der Manschette zu befestigen, so bleibt es mindestens luftig. Wenn das nicht ausreicht, gilt: Die Ärmel werden bei Wärme hochgekrempelt – so entsteht ein stilvolles Kurzarmhemd, für das sich niemand (fremd-)schämen muss. Dagegen möchte ich fertig produzierte Kurzarmhemden weder im Park noch am Strand noch im Café noch irgendwo sonst sehen. Höchstens zusammen auf einem Haufen mit den Adiletten. Und falls jetzt jemand das T-Shirt vermisst: Es kommt in dieser Liste nicht vor, weil es am Strand nur von jungen und ganz jungen Männern getragen werden sollte.

NIEMAND MÖCHTE DEM KLISCHEE DES DEUTSCHEN TOURISTEN MIT BEDRUCKTEM T-SHIRT, DREIVIERTELÜBERLEBENSHOSE, ADILETTEN UND BIERFLASCHE ENTSPRECHEN.

FÜR DIE BEINE

Ganz wunderbar passen kleine, schmal geschnittene Shorts in Beige oder Marineblau. Sie enden immer über dem Knie. Zum Baden werden sie durch eine Badeboxer ersetzt. Für Väter mit

FERTIG PRODUZIERTE KURZARMHEMDEN
MÖCHTE ICH WEDER IM PARK NOCH AM
STRAND NOCH IM CAFÉ NOCH IRGENDWO
SONST SEHEN. UND T-SHIRTS SOLLTEN
NUR VON JUNGEN UND GANZ JUNGEN
MÄNNERN GETRAGEN WERDEN.

kleinen Söhnen sind die Partnerlook-Modelle der französischen Manufaktur Vilebrequin das Richtige. Stolz tragen die Kleinen die gleiche Badehose wie ihre Väter und werden so schon frühzeitig damit vertraut gemacht, dass lange Boxer, die bis zum Knie oder gar darüber hinaus reichen, weder schön noch stilvoll sind.

Die Badehosen sollten maritime Farben haben, das hat Tradition und entspricht unserem Hang zur Nostalgie. Allzu bunte Muster müssen wir den stark gebräunten Muskelmännern überlassen. Wenn man, was den Hautton angeht, eher der Wintertyp ist, dann eignen sich Dunkelblau und Olivgrün am besten. Bei heller Haut und blonden Haaren bitte immer auf gelbe oder weiße Badekleidung verzichten. Wie bei der Unterwäsche lautet auch für die Strandmode mein Tipp: Lieber eine Nummer zu klein als eine Nummer zu groß. Zu klein sitzt besser und unterstreicht die Silhouette.

Und um der seit *Borat* unvermeidlichen Nachfrage hier ein für alle Mal und direkt vorzugreifen: Mankinis gehören zur Tracht in Absurdistan. Sie dürfen eigentlich auch nicht exportiert werden.

ZUM GARTENFEST

Für den großen Auftritt bei einem Fest im Garten hängt das Dinnerjackett in gebrochenem Weiß im Sommerschrank. Es ist die leichte Alternative zur schwarzen Smokingjacke. Die übrigen Teile des Smokings, die Hose, das Hemd, die Fliege, der Kummerbund und die schwarzen Lacklederschuhe bleiben aber und werden nicht durch weiße Pendants ersetzt. So lässt es sich auch der große Gatsby gut gehen.

ZUM FLANIEREN

Gerade für einen Spaziergang am lauen Abend ist das klassische Sommeroutfit des Berliner Gentleman anno dazumal erfunden worden. Heute darf es in allen großen und kleinen Städten der Republik ausgeführt werden. Auch außerhalb der Landesgrenzen. Gerade dort kann man so dem Klischee des Deutschen im Urlaub ganz hervorragend widersprechen: Ein cremefarbenes Leinenhemd von feinster Qualität wird unter einem ebenfalls hellen Leinenanzug getragen. Das ist die perfekte Kleidung für eine gemütliche Runde am Wannsee, an der Alster, an der Nordsee, am Rhein, am Bodensee oder im Englischen Garten.

EIN CREMEFARBENES LEINENHEMD WIRD UNTER EINEM EBENFALLS HELLEN LEINENANZUG GETRAGEN. DAS IST DAS PERFEKTE SOMMEROUTFIT FÜR EINE GEMÜTLICHE RUNDE.

BEILEIBE NICHT – TIPPS FÜR GROSSE UND KLEINE FIGUREN

Männer, die früher mit dem Wachsen aufgehört haben als andere, und Männer, die sich nach dem Längenwachstum noch in die Breite und nach vorn ausdehnen, müssen auf *Classic with a twist* nicht verzichten. Im Gegenteil.

Gerade für Größen jenseits des Standards ist eine Garderobe auf Basis der klassischen Herrenmode das Beste, um nicht noch kleiner oder noch dicker zu wirken. Unabdingbar bei einer dergestalt individuellen Figur ist der Schneider des Vertrauens, eigentlich braucht man derer sogar zwei. Der eine ändert und passt die Kleidungsstücke von der Stange an, und der andere schneidert nach meinen Wünschen neu. Auf den Leib. Aber auch der Schneider ist nicht Gott und kann nicht alle Wünsche erfüllen. Zur Vorbereitung auf den Besuch bei ihm verrate ich, was geht und was nicht.

SELBSTBEWUSSTSEIN

Geht unbedingt. Selbstwertgefühl und Selbstbewusstsein sind die besten Kascheure. Beide erzeugen die unerlässliche Sicherheit für einen guten Auftritt. Wer unsicher ist, zieht den Kopf ein, was bei kleiner Größe noch kleiner macht und bei Fülle noch runder. Kopf hoch und Kopf raus, meine Herren. Und wenn ihr euch mit Übergewicht nicht wohlfühlt, dann muss das Gewicht runter. Da beißt die Maus keinen Faden ab. Wenn der Arzt und der eigene Kopf aber sagen, alles ist in bester Ordnung, und ihr fit, fidel und beweglich seid, dann bin ich der Letzte, der aus euch einen Spargeltarzan machen will. Oder, um mit meinem Großvater zu sprechen: Einem Mann ohne Bauch fehlt etwas.

SCHWARZ

Manch einer trägt Schwarz als Versteck. Nachts im Dunkeln mag das funktionieren, am Tag bei Lichte besehen oder auch nur im Lampenschein ist Schwarz präsenter, als man denkt. Mit schwarzen Kleidungsstücken kann ich zwar ein wenig kaschieren, jedoch wirkt man ohne Konturen am Ende oft dicker. In diesem Fall ist ein blauer oder ein anthrazitfarbener Anzug die beste Wahl.

KLEINKARIERT

Dicke Männer sind kleinkariert. Kling blöd, ist aber richtig. Warum? Große Muster machen füllig. Im Grunde ist es unerheblich, ob die Muster quer oder längs gestreift sind. Kleinklein ist die Devise, sage ich. Übrigens, feine Streifen machen ebenso wie kleine Karos die Silhouette schlanker.

ÄRMELIG

Kurze Arme brauchen kürzere Ärmel. Das gilt fürs Oberhemd wie für Sakko, Blazer, Pullover und Mantel. Die Längenvorgaben sind bei kleinen Männern die gleichen wie bei großen: Sakkos und Blazer bedecken gerade so den Po, und ihre Ärmel enden auf der Hälfte des Handgelenks. Kleine Männer brauchen auch kürzere Mäntel. Es sind die Beine, die optisch strecken, wenn die Hose gut sitzt und nicht zu weit herumschlackert. Sind die Beine unter dem Mantel versteckt, können sie strecken, wie sie wollen, man sieht es einfach nicht.

FLIEGE VS. KRAWATTE

Die Entscheidung zwischen Schleife und Binder sollten kleine Herren zugunsten der Krawatte und fülligere Herren zugunsten der Fliege treffen. Eine Krawatte streckt den Oberkörper. Liegt die Krawatte aber über einem Bauch, wird sie zu kurz und betont damit die Rundung des Bauches umso mehr. Da ist dann eine Fliege die bessere Wahl. Alternativ kann man sich einen extralangen Binder maßanfertigen lassen, oder man trägt einen Dreiteiler als Anzug, da verhindert die Weste, dass sich die Krawatte als Bauchbetoner geriert.

DIE WESTE

Eine Weste ist die Wunderwaffe für jeden Mann mit etwas mehr Bauch. Allerdings muss sie ebenso wie der Anzug gut sitzen und darf weder zu eng noch zu weit geschnitten sein, sonst tragen Anzug und Weste ungemein auf. Für mich ist die Weste der Vorläufer der Shapewear für den Herrn. Sie gibt dem Bauch Halt und Form und dem Oberkörper Spannung, so dass man gleich auch aufrechter geht. Alles in allem lässt einen das schlanker wirken.

DER SCHNEIDER

Wie eingangs erwähnt, müssen sich zierliche wie starke Männer einen Schneider ihres Vertrauens suchen. Maschinell produzierte Kleidung kann technisch nicht auf alle Besonderheiten des Körpers eingehen – der Schneider schon. Ein fülliger guter Freund von mir, dem das Budget für den Maßanzug fehlte, hat sich mal von der Stange das größtmögliche Sakko gekauft und zwei passende Hosen. Mit den drei Teilen ist er zum Schneider. Der weitete die eine Hose bis zum perfekten Sitz – aus der anderen schnitt er Stoffkeile, die er in das Sakko einsetzte. Am Ende hatte mein Freund einen Anzug, der fast so gut saß wie ein Maßanzug, das Budget aber nicht so stark belastete.

GERADE FÜR GRÖSSEN JENSEITS DES STANDARDS IST DIE KLASSISCHE HERRENMODE DAS BESTE. DARIN WIRKT NIEMAND NOCH KLEINER ODER NOCH DICKER.

JAGEN UND SAMMELN

Männer kaufen, Frauen shoppen. Mit dieser einfachen Formel hat die Wissenschaft das unterschiedliche Einkaufsverhalten von Männern und Frauen auf den Punkt gebracht. Männer wissen im Vorfeld, dass sie zwei Hemden kaufen müssen und steuern gleich den entsprechenden Laden an. Dass diese Zielgerichtetheit aber bedeutet, dass Männern Shopping keinen Spaß macht, halte ich für ein ebenso gut gepflegtes wie völlig irriges Vorurteil. Natürlich gibt es Männer, die hinter diesem Vorurteil in Deckung gehen, die sich dahinter verstecken, um ihre Freizeit lieber im Hobbykeller verbringen zu können, statt mit ihrer Frau durch die Stadt zu ziehen. Aber es soll ja auch noch Exemplare unserer Gattung geben, die weiße Socken zur Sandale tragen. Diesen Schuh, meine Herren, ziehen wir uns einfach nicht an.

Denn es gibt doch nichts Schöneres als einen Mann, der in der Lage ist, seine Frau bei der Auswahl ihrer Garderobe zu unterstützen. Man lernt eine Menge über das Wesen einer Frau, wenn man sie beim Kleiderkauf begleitet. Zum Beispiel, wie sie abwägt, wenn sie nach anderthalb Stunden vor einer Auswahl von sieben verschiedenen Kleidern steht und dann doch unsicher ist, welches sie kaufen soll. In so einem Moment gewinne ich sie immer wieder aufs Neue, wenn ich ebenso mitfühlend wie pragmatisch Hinweise gebe und sie selbstredend unterstütze, wenn sie am Ende keines der Kleider kaufen will: »Dann schauen wir eben nebenan.«

Nicht zuletzt sammelt man so auch unschätzbare Erfahrung im Umgang mit dem Verkaufspersonal und kann sich auch beim nächsten Beutezug für die eigene Garderobe selbstsicher geben.

Wer als Mann am Anfang seiner Shoppingkarriere steht, der macht die ersten Touren am besten erst einmal auf eigene Faust, vielleicht auch in einer anderen Stadt, wo er sich unbeobachtet und sicher fühlt. Da kann er auch etwas mutigere Stücke anprobieren und dabei lernen, sich gegen typische Verkäufersprüche – ich sag nur: »Das ist mal ganz was anderes!« – energisch zur Wehr zu setzen.

Es gibt sie, die Männer, die dem Shoppen etwas abgewinnen können, die einen Einkauf genießen, sie gehen nur eben auf eine ganz andere Art einkaufen als die Frauen. Die Modeindustrie hat sich darauf inzwischen eingestellt. Angeblich, so haben amerikanische Forscher herausgefunden, wollen wir nicht erst durch die Damenabteilungen schlendern und über Treppen und Lifte bei unseresgleichen ankommen. Mir scheint, es gibt schon einige Geschäfte, die das beherzigen, so sehr sogar, dass es zunehmend mehr Läden der bekannten Marken gibt, die sich ausschließlich an uns Herren richten. Männermode macht in der Regel mehr Umsatz, und dementsprechend geben sich die Modefirmen immer mehr Mühe mit uns Männern.

Aber Männer sind als Kunden nicht einfach. Wenn ich in einem Laden zweimal ein Teil kaufe, das nicht sitzt oder schlecht verarbeitet ist, dann komme ich nicht auf die Idee, dieses Geschäft auch noch ein drittes Mal zu betreten. Wenn ich aber einmal gefangen bin, von dem freundlichen Personal, dass nach dem verstohlenen Blick auf die Kreditkarte von nun an immer meinen Namen parat hat, von den gut sortierten Auslagen und der Zeitlosigkeit und Qualität der angebotenen Stücke, dann bin ich fast schon zum Hund geworden. Ein Freund und Kunde fürs Leben.

Denn was wir Männer eigentlich wollen, ist wahrgenommen zu werden. Auch wenn manch einer gerne in der Masse verschwindet, wohl ist den wenigsten dabei. Wenn wir Stammkunden sein können, dann sind wir das gerne. Eine kleine Adelung ist mitunter beinahe der einzige Grund, warum wir dieses und nicht jenes Geschäft betreten. Schnäppchenpreise anderer sind dann noch nicht einmal mehr eine Verlockung. Und das sollten sie auch vorher nicht gewesen sein. Denn um im Schnäppchenchaos gut einkaufen zu können – also im Sinne von Qualität und Stil –, braucht ein Mann ein Höchstmaß an Erfahrung. Billig kann jeder, günstig braucht Wissen und Gespür.

ES GIBT DOCH NICHTS SCHÖNERES ALS EINEN MANN, DER IN DER LAGE IST, SEINE FRAU BEI DER AUSWAHL IHRER GARDEROBE ZU UNTERSTÜTZEN.

Ein anderer Grund, warum die Männer in Sachen Mode so auf dem Vormarsch sind, ist das Internet. Auch wenn die Werbespots eines großen deutschen Modeversandunternehmens immer nur auf die weiblichen Kunden abzielen, das Internet bietet Shopping so, wie Männer es wollen: vergleichen, aussuchen, zuschicken lassen, anprobieren. Und wenn es passt, gleich noch drei Stück nachbestellen – oder alles einfach und kommentarlos zurückschicken.

Egal ob auf Stylebop oder auf dem Männermodeableger von Net-a-Porter mit dem schönen Namen Mr. Porter, überall kann ich mein Auge schulen, denn alle Teile sind nicht nur hochauflösend und von allen Seiten fotografiert, sondern werden auch als Outfit in möglichen Kombinationen gezeigt. Natürlich würde ich keine dieser Kombinationen zusammen kaufen, aber den Blick für die feinen Unterschiede schärfen sie auf jeden Fall. Und da die Stücke angezogen fotografiert werden, kann ich mir auch schon vorstellen, wie sie getragen aussehen. Manch ein Internethändler hat den Mann als neuen Traumkunden erkannt, denn wir schicken deutlich weniger Teile zurück als die Frauen. Und die Versandhäuser bieten immer modischere Stücke an: LN-CC, Oki-Ni, Opening Ceremony oder Luisaviaroma ... Den Shoppingtrip nach *good old Britain*, nach Paris oder Mailand und über den großen Teich kann man sich eigentlich sparen, muss man aber nicht, denn er ist ja eigentlich das Schönste an der ganzen Kaufkultur. Und so kommen hier meine Top Five der Männer-Vintage-Läden für euch:

FEIN UND RIPP, BERLIN

Angefangen hat alles mit den Schätzen aus einer ehemaligen Textilfabrik in Süddeutschland. Seit dieser Zeit sind die Berliner – man findet sie in der Kastanienallee – auf der Suche nach neuem Old-Stock, also nach ungebrauchten Dingen aus alten Lagerbeständen. Und sie werden regelmäßig fündig – unter anderem in Italien, Frankreich, Schweden oder Dänemark. Zuletzt haben sie einen ganzen Packen edler Sträflingsanzüge aus den Dreißigern ergattern können ...

WAS WIR MÄNNER EIGENTLICH WOLLEN,
IST WAHRGENOMMEN ZU WERDEN.
AUCH WENN MANCH EINER GERNE
IN DER MASSE VERSCHWINDET,
WOHL IST DEN WENIGSTEN DABEI.

UWE VAN AFFERDEN, DÜSSELDORF

Wer denkt, in einer Modestadt wie Düsseldorf gibt es keine Vintage-Helden, der irrt. Einer von ihnen ist Uwe van Afferden. Im Showroom seines Ateliers für Gestaltung in der Lorettostraße – in der es übrigens auch den besten Frozen Yoghurt der Stadt gibt! – zeigt er neben Küchen- und Möbelunikaten die Suchergebnisse seiner Spürnase in Sachen Vintage. Ebenfalls sehr empfehlenswert sind sein Blog und das von ihm herausgegebene Magazin *The Heritage Post.* Pflichtlektüre für Männer mit Stil, Geschmack und Selbstbewusstsein.

RUDOLF BEAUFAYS, HAMBURG

Rudolf Beaufays verkauft in seinem Geschäft in der Büschstraße alles, was die Briten und ihre Schneider an Kostbarkeiten zu bieten haben. Und zwar secondhand. Hier gibt es die Classics zum Twist in bestechender Qualität und staunenswerter Vielfalt: Tweed-Sakkos, alles für den formellen Anzug und sogar den Tropenanzug für den Dandylook. Ein unbedingtes Muss für das nächste Wochenende an der Alster.

FREEMANS SPORTING CLUB, NEW YORK

Mit *deadstock wool* lockte der New Yorker Schneider schon vor einigen Jahren Kunden für seine Maßanzüge. Anprobiert wird stilecht im Hinterhofbüro eines Gebäudes aus rotem Brickstone unweit der Ecke Bowery/Delancey. Ein altes Militärzelt aus schwerem Leinenstoff steht in einem der Räume. In dieser Expeditions- und Abenteueratmosphäre nimmt ein erfahrener Schneider aus Brooklyn Maß und steckt die Teile ab. Im Lauf der

Jahre hat sich der F.S.C. ein kleines Reich geschaffen: Gute Kunden werden gern auf einen Smalltalk ins eigene Restaurant geladen, und eine Rasur oder ein Haarschnitt im Freemans Barber Shop gehören zum Gesamtpaket dazu.

GALERIE SEGAS, PARIS

In der Pariser Passage Jouffroy warten seit drei Jahrzehnten die Gebrüder Segas mit einem einzigartigen Angebot an Gehstöcken auf. Es darf wohl als gesichert gelten, dass die Galerie Segas das einzige Fachgeschäft seiner Art ist. Man sollte ein wenig Zeit und auch das nötige Kleingeld mitbringen, um sich die Schätze aus Ebenholz zeigen zu lassen – mit einem Silberknauf oder gar einem aus Schildpatt.

BILLIG KANN JEDER,

GÜNSTIG BRAUCHT WISSEN

UND GESPÜR.

EIN PARKHAUS FÜR DEN HERRN

Nicht der begehbare Kleiderschrank ist das Höchste der Gefühle, ein Mann von Welt verfügt zur adäquaten Lagerung seiner Garderobe über ein ganzes Ankleidezimmer. Kein dunkles Eckchen, sondern ein eigener Raum: Das wäre das absolute Nonplusultra, offen, luftig und mit genug Bewegungsfreiheit, damit wir uns Tag für Tag ein passendes Outfit zurechtlegen können, ohne dass gleich alles in Unordnung gerät.

Das Ankleidezimmer ist ein Ort, an dem ich mich gerne aufhalte. Noch lieber als in dem alten englischen Ohrensessel am Fenster unter der großen Stehlampe mit einem Glas *Single Malt* auf dem Beistelltischchen und einem Buch in der Hand. Das Ankleidezimmer ist ein Refugium.

Nur, das sehe ich vollkommen ein, sosehr ich dieses Refugium jedem Mann von ganzem Herzen wünsche, die Wenigsten verfügen über den nötigen Platz und das nötige Kleingeld, um sich diesen Traum zu erfüllen. Ich muss immer wieder an einen guten Bekannten denken, der sein Ankleidezimmer auflösen musste, um Platz für Nachwuchs Nummer Drei zu schaffen. Bestimmten Teilen seiner umfassenden Garderobe hat er in der ganzen Wohnung kleine Bekleidungsinseln geschaffen, stilvolle Unterbringungsmöglichkeiten, in denen die einzelnen Stücke nicht nur perfekt untergebracht, sondern auch gut erreichbar sind. Und quasi als Nebenwirkung auch noch unverschämt gut aussehen. Mode als Interieur sozusagen. Da hat er aus der Not eine Tugend gemacht.

HUTABLAGE

Damit meine ich nicht die staubige Ecke hinter der Rückbank eines Autos, wo früher die gehäkelten Klorollenhütchen oder

der lustige Wackeldackel Platz fanden. Mein Bekannter trägt leidenschaftlich gerne Hüte und besitzt fünf oder sechs Modelle für den Alltag. Einen Zylinder besitzt er auch, aber den bewahrt er sorgfältig in einer dafür gemachten Hutschachtel im großen Schrank auf. Die Hüte für den täglichen Gebrauch drapiert er im Flur seiner alten Gründerzeitwohnung auf einer antiken Kommode – wie die schönsten Torten in der Konditorei. Auf einer Sammlung alter Medizin- und Volleybälle, die als Hutständer dienen, warten seine Kopfbedeckungen nicht lange darauf, getragen zu werden.

ZAUBERHUT

Einen Hut allerdings hat er zweckentfremdet. Nicht als Klingelbeutel für die Kollekte, aber doch als Zwischenlager. Dieser Hut, ein etwas in die Jahre gekommener Filzhut, der, wie mir versichert wurde, auf dem Kopf seines Besitzers schon durch die Mongolei geritten war, beherbergt nun eine sorgfältig zusammengestellte Auswahl von Einstecktüchern. Sie liegen luftig und locker und durcheinander in diesem Hut, nicht akkurat gelegt und spießig gefaltet, aber auch nicht geknautscht und zerknüllt. Der Hut steht genau dort, wo sein Inhalt gebraucht wird: direkt neben einem bodentiefen Ankleidespiegel.

WINTERSACHEN IM SOMMER

Wo aber in der Wohnung verstaut man auf adrette Weise Wintersachen im Sommer und Sommerkleider im Winter? Die Antwort lautet: gar nicht. Alles, was nicht in die Jahreszeit passt, wird eingelagert. Und zwar am besten hängend, zum Beispiel in einem mobilen Kleiderschrank aus Stoff auf dem Dachboden oder im trockenen Keller.

Bevor man aber eine neue Jahreszeit in die Garderobe bringt, sollte man unbedingt noch einmal die Teile der alten Jahreszeit durchsehen. Denn hier und da findet sich immer wieder ein Fehlgriff, den man doch nie getragen hat, oder auch mal ein Hemd, dessen Kragen schon abgenutzt ist, oder eine Hose, die im Schritt schon ein wenig dünn wird. Da hat man nun die richtige Gelegenheit zum Aussondern und schafft gleichzeitig Platz für neue Lieblingsstücke. Für jedes neu erworbene Stück sollte eigentlich ein altes verschwinden. So halten wir es zumindest nach Möglichkeit zu Hause, sonst verliert man irgendwann völlig den Überblick.

SCHALS UND TÜCHER

Sie sind für mich wie das Salz in der Suppe. Egal ob Freizeitlook oder schick im Anzug, ein Schal sorgt immer für das gewisse Etwas. Daher kann ich Männer mit einer ausufernden Sammlung von Schals und Tüchern nur beglückwünschen. Bei ihnen darf man auch einmal aus der Auswahl der liebsten wählen. Das gilt nicht nur für karierte oder unifarbene Stücke, sondern gerade auch bei etwas gewagteren floralen Mustern und kräftigen Farbkombinationen. Wo und wie verstaut man einen ganzen Arm voll wunderschöner Schals, sodass man nicht immer erst Schubladen durchwühlen und alle anderen Tücher dabei in Unordnung bringen muss? Die praktische Lösung ist eine Reihe Kleiderhaken oder eine Kleiderstange, so wie sie für die Lagerung von Krawatten typisch ist, angebracht auf der Innenseite der

SCHNEIDERPUPPE

Kleiderschranktüren. Sehr viel schöner aber sieht eine Schalsammlung aus, wenn man sie einer antiken Schneiderpuppe umlegt. So muss man keinen einzigen Schal zusammenlegen und hat gleichzeitig immer alle Auswahlmöglichkeiten im Blick.

SCHALS UND TÜCHER SIND FÜR MICH WIE DAS SALZ IN DER SUPPE.

HANDSCHUHFACH

Ich habe eine ganze Sammlung von Handschuhen. Fäustlinge und Skihandschuhe, wollene Exemplare, solche mit und einige auch ohne Fingerkuppen, lederne in Schwarz und in den verschiedensten Brauntönen, gefütterte und ungefütterte, einige Modelle in äußerst kräftigen Farben und ein paar klassische Autofahrerhandschuhe. Mit den Jahren ist da ein ganz schöner Berg zusammengekommen. Würde ich die, wie bei Roeckl in der Boutique, sorgsam in Schublädchen arrangieren, ich bräuchte einen eigenen kleinen Schrank nur für meine Handschuhe. Das wäre dann doch ein wenig *too much.* Also haben alle meine Handschuhe in einem alten Vintage-Lederkoffer von Louis Vuitton ein neues Zuhause bekommen. Wenn ich ein bestimmtes Paar suche, weiß ich immer, wo. Im Sommer verstaue ich den Koffer in einer hinteren Ecke, und im Winter hole ich ihn wieder vor und stelle ihn griffbereit auf die Kommode in unserem Flur.

RUCKEDIGU, WOHIN MIT DEM SCHUH

Nicht nur antike Möbel eignen sich zur stilgerechten Lagerung der Garderobe. Auch Männer sind Schuhfetischisten, und ich kenne nicht nur eine Frau, deren Mann deutlich mehr Schuhe besitzt als sie selbst. Ich kann das nur zu gut verstehen, denn Herrenschuhe sind etwas ganz Wunderbares. Von der Vielzahl verschiedener Modelle des klassischen Lederschuhs bis hin zur Sneakersammlung in allen Abstufungen, die die Farbpalette zu bieten hat: Es braucht nicht viel, um aus einem Mann einen Schuh-Maniac zu machen.

Aber wie verstaut man diese Schätze? Offene Schuhregale sind ein Graus und lassen die Schuhe einstauben. Die gern bemühte Schatztruhe gleich neben der Tür, in der die Familienmitglieder ihr Schuhwerk verschwinden lassen, ist ein wahres Grab für gute Schuhe. Denn diese wollen gepflegt werden und nicht gequetscht, geknickt und immer wieder durchgemischt wie Lottokugeln.

OFFENE SCHUHREGALE SIND EIN GRAUS UND LASSEN DIE SCHUHE EINSTAUBEN. DIE SCHATZTRUHE GLEICH NEBEN DER TÜR IST EIN WAHRES GRAB FÜR GUTE SCHUHE.

Mein Tipp: Die eleganten Stahlrohrmöbel von USM Haller sind ein Schweizer Designklassiker und unglaublich praktisch. Sie sind nicht ganz billig, aber die Dinger sind wertstabil und absolut unkaputtbar. Man kann sich aus den einzelnen Modulen einen Schrank oder eine Kommode nach den eigenen Bedürfnissen und Ansprüchen zusammen- und immer wieder umbauen lassen. Mit einem handlichen Auszugtablar in der Mitte der

Schubladen passen eine ganze Menge Schuhe auf kleinsten Raum und haben trotzdem genug Luft zum Atmen respektive Trocknen.

SCHMUCKKÄSTCHEN

Ein Freund und Verleger sammelt Manschettenknöpfe und bringt von jeder seiner ausgedehnten Reisen mindestens ein neues Paar mit nach Hause. Nun gibt es durchaus Sammelleidenschaften, die mehr Platz benötigen als diese, und so hat seine Frau auch keine größeren Einwände. Ja, es war sogar ihre Idee, im Flur einen großen Setzerschrank aus der alten örtlichen Druckerei aufzustellen. Die tiefen Schubladen beherbergten früher, als man Bücher und Zeitungen noch mit Bleisatz von Hand setzte, lauter kleine Buchstaben. Die Schubladen dieses Trumms sind in viele Fächer unterteilt, wie geschaffen für eine Sammlung von Manschettenknöpfen. Ein Schmuckkästchen XXL sozusagen.

DURCHBLICK

Meinen heimlichen Traum von einem Kleiderschrank konnte ich mir leider noch nicht erfüllen, aber ich halte auf jedem Flohmarkt und in jeder Antikhalle fleißig Ausschau danach: Ich suche einen Kleiderschrank mit Durchblick. Nichts gefällt mir besser, als von außen schon einen Blick auf Hemden, Sakkos und Mäntel werfen zu können, ohne die Schranktür zu öffnen. Dafür wäre eine alte gläserne Verkaufsvitrine oder ein großer Ausstellungskasten aus einem alten Naturkundemuseum ideal. Wenn jemand so etwas abzugeben hat, bitte unbedingt bei mir melden!

FÜR JUNGGESELLEN

Als ich noch allein wohnte, hatte ich zwei Haken an der Decke meines hohen Lofts, daran waren Flaschenzüge montiert, die mit einer Stahlstange verbunden waren, wie man sie von Baugerüsten kennt. Daran hingen all meine Hemden. Ich konnte sie unter die Decke ziehen und an einer Klampe, dem einzigen Stück, was mir vom alten Boot meines Vaters geblieben ist, mit einem schönen Sisalseil festbinden und wieder herunterlassen, wenn ich sie benötigte. Platzsparend und saucool. Allerdings waren die Hemden nicht wirklich staubgeschützt, und so musste am Ende doch wieder ein Kleiderschrank her.

DIE WENIGSTEN VERFÜGEN ÜBER
DEN NÖTIGEN PLATZ UND DAS NÖTIGE
KLEINGELD, UM SICH EIN ANKLEIDEZIMMER
ZU LEISTEN. ABER WIR KÖNNEN AUS DER NOT
EINE TUGEND MACHEN UND IN
DER WOHNUNG FÜR SCHÖNE STÜCKE
KLEINE BEKLEIDUNGSINSELN SCHAFFEN.
MODE ALS INTERIEUR SOZUSAGEN.

THE CODE TO BE A MAN

Zu einer Ausfahrt mit dem Oldtimer sind nur Fahrzeuge bis zu einem bestimmten Baujahr zugelassen, in der Klasse Halbschwergewicht dürfen nur Profiboxer antreten, die eine Obergrenze von 79,378 Kilo Körpergewicht nicht überschreiten, und ins Freibad springt man weder vom Beckenrand noch in vollem Businessoutfit. Überall Beschränkungen? Nein, vielmehr Hilfestellungen, Vorgaben eben, die uns das Leben erleichtern, die uns sagen, woran wir sind. Wir müssen uns nicht fragen, ob unser neuer Porsche 911 bei den Bodensee Classics eine gute Figur machen würde, welcher Gewichtsklasse wir mit 80,013 Kilo Körpergewicht zugeordnet werden würden, und vor dem Abtauchen ziehen wir selbstverständlich den Anzug aus und eine Badehose an.

Warum aber ist es so schwer, den Dresscode einer Einladung zu befolgen? Weil der Irrglaube vorherrscht, die Einladenden schreiben das eben so auf, weil man das so macht, und am Ende kümmert es eh keinen. Ein Fest, eine Hochzeit oder eine Gala sind aber keine Guerillatreffen der Urban-Gardening-Szene, sondern meist sehr persönliche oder hochkarätige Veranstaltungen, mit denen die Ausrichter sich bei den Anwesenden für die gemeinsame Freundschaft bedanken möchten: Wir dürfen an ihrem Glück teilhaben. Sie möchten mit uns feiern, weil es etwas zu feiern gibt. Das ist immer ein festlicher Anlass, und genauso wie man zu Weihnachten den Christbaum nicht ungeschmückt im Wohnzimmer stehen hat, so hat man sich auch nicht ungeschmückt auf ein Event mit Dresscode zu begeben. »Wer sich über einen Dresscode hinwegsetzt«, das habe ich bereits im *Fashion Rath für die Frau* mit Nachdruck festgehalten, »wirkt nicht

SMOKING

CUTAWAY

besonders individuell, sondern besonders ignorant, intolerant oder hilflos.« Gerade für uns Männer ist das Einhalten der Dresscodes ein Leichtes, denn die meisten der Vorgaben lassen uns herzlich wenig Spielraum. Damen tragen ihr schönstes Kleid, die Herren aber einen ganz bestimmten Anzug. Welcher Anzug sich hinter welchem Dresscode verbirgt, halte ich hier für euch fest:

SMART CASUAL, SPORTLICH-ELEGANT

bedeutet mitnichten, die Markenturnschuhe anziehen zu dürfen, sondern vielmehr einen schlichten Tagesanzug, am besten in Dunkelblau oder Anthrazit. Das Hemd mit Kent-Kragen wird nicht bis oben zugeknöpft, die Krawatte darf weggelassen werden. Am Fuß glänzt ein klassischer dunkelbrauner Lederschuh.

CASUAL WEAR

Hier kommt Bewegung ins Spiel: Herren dürfen mit der Hose eines Tagesanzugs, Oberhemd und Krawatte erscheinen, sie können aber auch einen braunen Anzug tragen, sogar der Cordanzug darf aus dem Schrank, kombiniert mit einem braunen Schuh. Neben Ober- sind jetzt ausnahmsweise auch Polohemden erlaubt. An wärmeren Tagen bleibt das Sakko im Auto und wird ersetzt durch einen lässig über die Schultern geworfenen Pullover in einer kräftigen Farbe.

CASUAL FRIDAY

Viele große Unternehmen haben den Casual Friday eingeführt. Am letzten Tag der Arbeitswoche darf das Businessoutfit lässig sein, die Krawatte bleibt im Schrank, der oberste Hemdknopf

WER SICH ÜBER EINEN DRESSCODE HINWEGSETZT, WIRKT NICHT BESONDERS INDIVIDUELL, SONDERN BESONDERS IGNORANT, INTOLERANT ODER HILFLOS.

offen (Kent-Kragen oder Button-Down). Wenn die Bluejeans eine Levi's 501 Five Pockets mit perfektem Sitz ist, kann Casual Friday sogar bedeuten: *Jeans on the job.*

DUNKLER ANZUG

Dunkler Anzug heißt: schwarzer Anzug. Aber nur für ihn. Doppelmanschette am weißen Oberhemd, Manschettenknöpfe und elegante schwarze Schuhe mit wenig bis gar keinen Verzierungen.

SMOKING ODER BLACK TIE

Der Schmuck eines Mannes im Smoking ist seine weibliche Begleitung. Ein Smokingsakko hat nur einen Knopf, der mit Samt bezogen ist. Sein Revers ist ebenfalls samtig abgesetzt. Unter dem Smoking trägt der Mann ein Smokinghemd mit verdeckter Knopfleiste und schwarzer Fliege. Er kann sich mit einer Weste oder einem farblich abgestimmten Kummerbund aufhübschen, muss aber nicht.

FRACK ODER WHITE TIE

Im Frack erscheint der Mann zum Fest bei Hofe und bei jedem anderen Event, dessen Einladung das explizit vorgibt. Kombiniert wird er ausschließlich mit weißem Frackhemd, weißer Weste, weißer Fliege, und die Hose sitzt ohne Gürtel. Ihr Bund wird von einem Kummerbund verdeckt. Weil er die Krönung der Herrenoutfits ist, wird der Frack erst abends ab 18:00 Uhr getragen. Sein Pendant für Vor- bis Nachmittag ist der Cutaway. Während der Frack hinten die klassischen Schöße hat und vorne kurz über dem Hosenbund endet, ist der Cut eine Art verlängertes Smokingsakko, er ist rund abgestochen. Zu diesem auch Gehrock genannten Sakko gehören eine grau-schwarz gestreifte Hose, die sogenannte Stresemann-Hose, und eine graue Weste. Auch zum Cut trägt der Mann ein weißes Smokinghemd. Zum Cut darf der Herr, zum Frack muss er einen Lackschuh tragen.

DRESSCODES GEBEN VERANSTALTUNGEN EINEN RAHMEN. SIE PASSEN ZUM ANLASS, ZUR LOCATION, ZUR DEKORATION.

UND WAS IST MIT SCHUHEN?

Immer wenn ein Dresscode vorgegeben ist, erwarten die Einladenden, dass die Dame als Dame erscheint und der Herr als Herr. Die beschriebenen Kleiderordnungen verbieten Turnschuhe und Sneakers jeder Fasson und Couleur. Herrenschuhe sind in jedem Fall aus Leder und im besten Fall rahmengenäht. Meistens sind sie schwarz, selten braun (Casual Friday, Casual Wear).

Abschließend noch einmal: Dresscodes sind keine Willkür. Ihnen zu folgen, heißt nicht, in der Masse zu verschwinden. Nichts ist peinlicher, als falsch angezogen zu sein. Nachfragen zeugt dagegen von Professionalität und Souveränität. Leider weiß heutzutage manch ein Gastgeber selbst nicht so genau, was er will beziehungsweise was der Dresscode auf seiner Einladung wirklich bedeutet. Dresscodes geben Veranstaltungen einen Rahmen. Sie passen zum Anlass, zur Location, zur Dekoration. Sie sind nicht zuletzt ein Wunsch der Einladenden. Und wer wollte den nicht erfüllen?

FRACK

GENTLEMAN ODER GERMAN

Liebe Männer, jetzt habt ihr den *Fashion Rath für den Mann* fast bis zum Ende durch! Das freut mich sehr, es zeigt, dass ihr auf dem richtigen Weg seid. Ihr habt verstanden, dass Mode keine Frage des Wollens, sondern eine Frage der Ehre ist. Die Zeiten, als wir nackt in der Höhle saßen, sind längst vorbei. Es kam der Moment, da legte sich einer unserer Vorfahren ein wunderprächtiges Fell um die Schultern und trat hinaus ins Freie. Die Männer hielten ihn für schwul und lachten ihn aus, die Frauen waren begeistert. Langsam wuchs der Respekt für ihn, und ich bin mir sicher, er war bald sehr angesehen. Männer und Mode ist kein Widerspruch, im Gegenteil: Männer und Mode gehören zusammen.

Leider ist unser Jagdtrieb, nicht nur das schönste Haus, das schönste Pferd, die schönsten Autos zu haben, sondern auch die schönsten Kleider zu tragen, im Laufe des letzten Jahrhunderts – zumindest bei uns – ziemlich verkümmert. Noch in den goldenen Zwanzigern hatte jeder Mann ein Sonntagsoutfit. Im Sonntagsstaat, wie man die Bekleidung für den damals einzigen freien Wochentag nannte, waren alle Menschen gleich. Man konnte ihnen weder den Stand, noch das Vermögen, noch die Herkunft ansehen. Sie waren stilvoll und angemessen gekleidet, dem Anlass entsprechend, der eigenen Würde und dem Gegenüber.

Aber wenn sich ein Mann in den Neunzigern des letzten Jahrhunderts für Mode interessierte, galt er gleich wieder als homosexuell. Bis David Beckham sich ganz klar zur Mode bekannte. Der konnte ja nicht schwul sein – bei der Frau! Also musste ein neues Wort her: metrosexuell. Den Begriff gab es schon länger, und genauso gab es Männer, die ihn lebten, aber mit Becks war plötzlich einer da, der sichtbar über Mode nachdachte, ohne sich ausschließlich auf die Oberfläche der Mode reduzieren zu lassen. Das, meine ich, war der Beginn der letzten Moderevolution. Sie ist noch längst nicht abgeschlossen, zumindest nicht bei uns. In *good old Germany* ist es eine stille Revolution, die aber schon wesentlich dazu beigetragen hat, dass Mode auch bei uns mit mehr Anspruch wahrgenommen wird: Für die heranwachsende Generation ist das Duett aus Mode und Mann kein Widerspruch mehr. Jungs gehen gerne einkaufen, und wenn sie wirkliche Gentlemen sind, nehmen sie Mädchen mit auf die Shoppingtour. Wenn man heute durch die Innenstädte schlendert, stellt man fröhlich feixend fest, dass es mitunter mehr schön und bewusst angezogene Jungs als Mädchen gibt.

MÄNNER UND MODE IST KEIN
WIDERSPRUCH, IM GEGENTEIL:
MÄNNER UND MODE GEHÖREN ZUSAMMEN.

Ich möchte aber auch Väter sehen, die mit ihrer Tochter shoppen gehen, ohne dass sie mit dem Fuß nervös zappelnd vor der Anprobe warten. Und ich möchte Männer sehen, die mit ihren Frauen shoppen gehen, Männer, denen keine einzige Übersprungshandlung einfällt, um sich davor zu drücken, Männer, die sich freuen, wenn die Frauen sie fragen, ob sie mit ihnen zusammen in die Stadt gehen wollen. Ich möchte Männer sehen, die mit ihren Frauen die Modeabteilungen durchstreifen, die sie beraten und ihnen zur Seite stehen. Und ebenso möchte ich

Frauen sehen, die mit ihren Männern zum Herrenausstatter gehen und sich darüber freuen können, was für einen guten Geschmack ihre bessere Hälfte hat.

Allzu oft ist es noch so, dass Frauen die Outfits ihrer Männer bestimmen, indem sie ihnen die Mode nicht nur kaufen und nach Hause bringen, sondern sie ihnen auch noch morgens als Kombination aufs Bett legen, bis zur Krawatte. Das bedeutet nicht, dass die Frauen schuld sind am Modeverständnis der Männer. Nein, hier geht es schlicht um Angebot und Nachfrage. Wenn die Männer sich keine neuen Sachen kaufen, dann tut es eben die Frau. Daraus wird dann Alltag, und wir Männer finden uns in den Modegeschäften nicht mehr zurecht. Das führt dazu, dass wir tragen, was uns hingelegt wird, oder dass wir aus dem Schrank greifen, was gerade oben liegt. Aus dieser Zufallsecke gilt es auszubrechen. Raus da, aber schnell. Ihr fahrt ja auch nicht zufällig das Auto, das vor eurer Tür steht. Ihr habt auch nicht zufällig genau diesen Fernseher an der Wand hängen, euren Kindern habt ihr auch nicht zufällig ihre Namen gegeben. Aber ihr habt zufällig dieses Hemd und diese Krawatte an, ihr habt zufällig schwarze Schuhe und eine zufällige Frisur. Manchmal, aber auch das ist dann Zufall, tragt ihr auch Dinge, die von der Verkäuferin oder von eurer Frau als »mal was anderes« bezeichnet wurden. Hallo? »Mal was anderes« – aber wovon? »Mal was anderes« – vom Zufälligen! Nein, Männer, »mal was anderes« ist kein Kriterium. Für nichts und wieder nichts. Es ist nur das Zeichen für Langeweile.

Im Vergleich mit anderen Ländern fällt mir immer wieder auf, dass uns in Deutschland eine entscheidende Grundlage für das Modeverständnis fehlt: die Schuluniform. Sie ist ein Zeichen des

ALLZU OFT IST ES NOCH SO, DASS FRAUEN DIE OUTFITS IHRER MÄNNER BESTIMMEN, INDEM SIE IHNEN DIE MODE NICHT NUR KAUFEN UND NACH HAUSE BRINGEN, SONDERN SIE IHNEN AUCH NOCH MORGENS ALS KOMBINATION AUFS BETT LEGEN, BIS ZUR KRAWATTE.

Respekts gegenüber den Mitschülerinnen und Mitschülern und gegenüber den Lehrkräften. Wobei ich, wenn ich Schuluniformen einführen dürfte, die Lehrerinnen und Lehrer nicht davon ausnehmen würde, ganz im Sinne ihrer Vorbildfunktion. Aber vielleicht haben wir ja Glück und kommen um die Einführung von Schuluniformen herum. Italien kann sich des Modebewusstseins all seiner Bürger heutzutage auch ohne Schuluniformen sicher sein. Die schaffen das und treten nicht zufällig gekleidet auf die Straße. Und was Italien schafft, das sollten wir doch auch hinbekommen. Dann kann ich endlich meine dunkle Sonnenbrille ins Asservat bringen und auch hier in Deutschland – wie in Italien – die leicht getönte tragen. Ihr, liebe Männer, habt es in der Hand, ob man in der Welt von euch als *Gentlemen* oder als *German* spricht. Ihr habt es in der Hand, und ihr habt es drauf. Aber umsetzen müsst ihr es selbst.

NEIN, »MAL WAS ANDERES« IST KEIN KRITERIUM. FÜR NICHTS UND WIEDER NICHTS. ES IST NUR DAS ZEICHEN FÜR LANGEWEILE.

FASHION POLICE

Jeder soll nach seiner Fasson glücklich werden. Zum Glück gehört aber auch, dass man weiß, dass man gut auf andere wirkt. Wer sich bei den Tatbeständen der folgenden dreizehn, die Fashion Police alarmierenden No-Gos wiedererkennt und damit wohlfühlt, der wird mich dazu ewig schweigend erleben. Wer sich entdeckt und damit unglücklich ist, dem sage ich: »Los, junger Mann. Der Weg ist gut, das Ziel ist das Ziel. Da willst du hin. Sei froh, dass du keine Frau bist, denn für die ist es um einiges schwieriger.« Wer die Liste liest und bei sich keinen Fehler zu finden vermag, ist auf einem sehr guten Weg. Aber noch nicht zwingend am Ziel. Denn da ist man erst, wenn man alles richtig und keinen einzigen Fehler mehr macht. Dieses Ziel ist vor allem dann schwer zu erreichen ist, wenn es *Classic with a twist* heißt.

FUNKTIONSMANIE

Für mich hat Bekleidung in erster Linie diese Funktion: Sie lässt ihren Träger gut aussehen. Luftdurchlässig, regenabweisend und strapazierfähig zu sein, mögen auch gute Funktionen sein, aber nur, wenn sie hinter das Aussehen treten. Modestücke, deren Namen mit Allwetter-, Cargo-, Tennis- oder gar Hawaii- beginnen, gehören zur Dschungelsafari, ins Logistikzentrum, auf den Tennisplatz oder eben nach Hawaii.

DIE ZWEITE SCHICHT

Trägt einer einen schönen Anzug, dann sollte er tunlichst vermeiden, diesen guten Eindruck durch eine darübergezogene Wind-, Sport- oder Regenjacke wieder zunichte zu machen. Wenn es gar nicht anders geht, ist die Jacke zwingend länger als das

KURZARMOBERHEMD

SANDALEN

Sakko. Aber dann möchte ich die Frage stellen: »Was für eine Jacke soll das denn bitte sein?« Das kann doch dann eigentlich nur ein Mantel sein. Nicht?

STIL-SPORT-MIX

Ein Mann im Anzug auf dem Fahrrad, ist das nicht die beste Vorstellung emissionsfreien Straßenverkehrs? Ja, sage ich, wenn das Fahrrad weder Rennrad noch Mountainbike ist. Man geht ja auch nicht im Businessoutfit auf die Drückbank.

ICH SEHE WAS, WAS DU NICHT SIEHST

Weite Boxershorts formen nicht den Körper, sie formen die Anzughose darüber. Und knittrige Abdrücke am Hintern findet keiner schön. Nicht unbedingt Abdrücke, aber doch einen negativen Eindruck hinterlässt auch ein T-Shirt, dessen Rand unter dem Oberhemd hervorlugt.

KLEIDUNG, DIE SPRICHT, UND SEI ES DIE SPRACHE IHRER DESIGNER, IST FÜR UNSERE GESCHMACKSWELT DEFINITIV ZU LAUT. KLAPPE HALTEN! RAUSHALTEN!

KEINE HALBEN SACHEN

Wenn es in der EU schon eine formgebende Gesetzeslage für Kühe und Bananen gibt, dann bitte auch eine für Oberhemden. Die mit kurzen Armen müssen alle zu Karosseriedämmmaterial recycelt werden. Das ist die beste Bestimmung, die ich ihnen zubilligen kann.

MODESTÜCKE, DEREN NAMEN MIT ALLWETTER-, CARGO-, TENNIS- ODER GAR HAWAII- BEGINNEN, GEHÖREN ZUR DSCHUNGELSAFARI, INS LOGISTIKZENTRUM, AUF DEN TENNISPLATZ ODER EBEN NACH HAWAII.

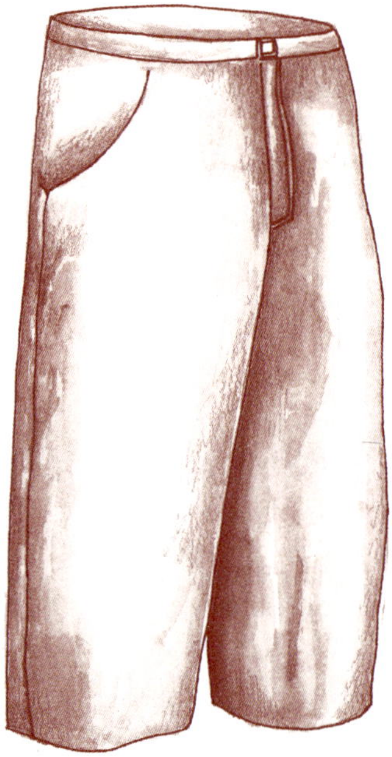

DREIVIERTELHOSE

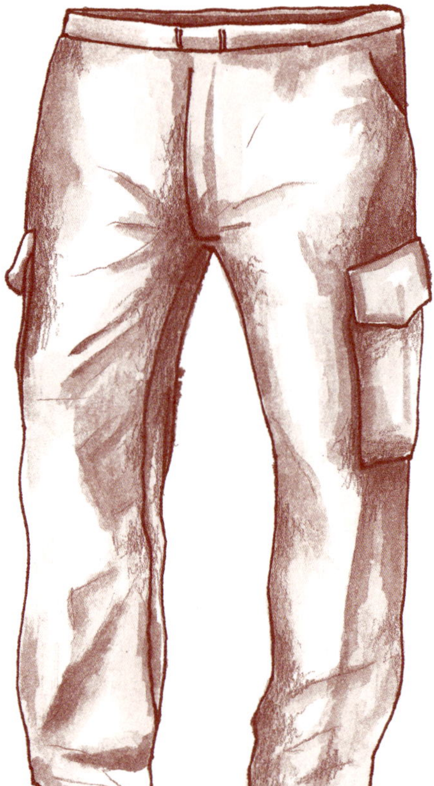

CARGOHOSE

SPRECHENDE KLEIDUNG

Bedruckt mit witzigen Sprüchen, versehen mit crazy – aber toten – Köpfen und mit jeder Menge Tribals aus Glitzersteinen: Kleidung, die spricht, und sei es die Sprache ihrer Designer, ist für unsere Geschmackswelt definitiv zu laut. Klappe halten! Raushalten!

DER WEG IST GUT, DAS ZIEL IST DAS ZIEL: ES HEISST CLASSIC WITH A TWIST. UND DA IST MAN ERST, WENN MAN ALLES RICHTIG UND KEINEN EINZIGEN FEHLER MEHR MACHT.

HALTEGEBOT

Ein Mann ohne Gürtel ist wie ein Vogel ohne Flügel.

KNOPF RUNTER, KRAWATTE AB

Die feine Krawatte wird nicht mit einem sportlichen Button-Down-Kragen kombiniert. Punkt.

KEINE TASCHE

Keine Tasche mitzuhaben, führt unweigerlich zu zwei Fashion-Fauxpas. Es bedeutet nämlich, dass man alle wichtigen Utensilien entweder in den Anzugtaschen oder im Rucksack mit sich rumzutragen hat. Beide Varianten sind äußerst unschön. Eine schicke lederne Arzttasche ist das Smart Repair für ausgebeulte Hosen- und Sakkotaschen.

HERR DER ZWEI RINGE

Der Mann trägt einen Ehering und vielleicht einen Siegelring. Alles andere ist Prahlerei und wirkt entsprechend billig.

LEDERSCHUHE MIT GUMMISOHLE

Ein klassischer Lederschuh mit Gummisohle ist wie ein High Heel ohne Absatz, ein Porsche 911 mit Spritsparreifen oder ein iPhone-Kopfhörer von Samsung.

ALLER GUTEN KNÖPFE ...

... sind bei einem einreihigen Sakko maximal drei. Ab vier Knöpfen wird der Look billig und gewollt »anders«. Aber »anders« ist kein Geschmackskriterium, war es nie, wird es nie sein.

ÜBER KURZ ODER LANG ...

... ist nicht zu diskutieren: Hosen sind lang oder kurz. Eine Dreiviertel- oder Dreifünftelhose gehört, wenn sie ihren Weg auf unerklärliche Weise in den Kleiderschrank gefunden hat, sofort wieder hinaus. Sie gehört verbannt. Nennenswert kühler als eine lange Hose kann eine Dreiviertelhose ja nicht sein, sie legt lediglich weiße Beine in ausgefransten Sockenenden frei. Ihre Bezeichnung verrät das Maß, auf das sie die Beine ihres Trägers optisch verkürzt.

EINE DREIVIERTEL-
ODER DREIFÜNFTELHOSE
GEHÖRT VERBANNT.

CLASSIC WITH A TWIST – DER FILM

Frauen sehen sich gerne schöne Männer an, und die schönsten Frauen sind Objekt der Herrenbegierde. Das kann von mir aus so bleiben. Nur eine Kleinigkeit möchte ich ändern: Liebe Männer, ihr nehmt keinen Schaden, wenn auch ihr die Herren in Kino und Fernsehen anseht, auch wenn sie gerade mal nicht mit automatischen Waffen im Anschlag durch ein von Terroristen geflutetes Tal der Ahnungslosen streifen. Von vielen könnt ihr euch abschauen, was es heißt, gut auszusehen, und wie man sich perfekt kleidet. Wie bei den Frauen sind auch viele der bestgekleideten Herren leider schon verstorben. Nachdem der erste Teil meines Stilikonendreiteilers *Classic with a Twist – Der Film* den Frauen vorbehalten war, folgt nun die Liste der Akteure von *Classic with a Twist – Der Film*, Teil zwei. Dieser ist, so zurückhaltend sind wir Männer gegenüber den Damen, nun einmal uns gewidmet. Den Männern, die auch außerhalb der Fänge einer Kostümbildnerin Modeverständnis, Kombinationsgeschick und vor allem Stil bewiesen oder noch immer beweisen. Die von mir ausgewählten Herren haben das gemacht, was ich mir von allen Männern wünsche: Sie haben genau hingesehen, zugehört und gelernt. Vermutlich meist bei den Kostümbildnern der Filme, in denen sie gespielt haben, ein großer Teil der Erwähnten ist nämlich Schauspieler.

In diesem Sinne ... Film ab!

CLASSIC WITH A TWIST – DER FILM

TEIL ZWEI

HAUPTDARSTELLER

(in alphabetischer Reihenfolge)

DAVID BECKHAM

ERFINDER DER METROSEXUALITÄT

Sportler – ∗1975

MARLON BRANDO

DER ROCKABILLY

Schauspieler – ∗1924 †1994

SEAN CONNERY

DER ECHTE MANN MIT DEM COLT

Schauspieler – ∗1930

JAMES DEAN

DER LOOKALIKE-PROTOTYP

Schauspieler – ∗1931 †1955

LAPO ELKANN

DER STIL-ERBE

Unternehmer – ∗1977

MICHAEL FASSBENDER

DER NEWCOMER

Schauspieler – ∗1977

CARY GRANT
DER LETZTE GENTLEMAN
Schauspieler – *1904 †1986

STEVE MCQUEEN
DER EINSAME JÄGER
Schauspieler – *1930 †1980

PAUL NEWMAN
DIE BLAUESTEN AUGEN DER WELT
Schauspieler – *1925 †2008

PRINCE HARRY OF WALES
DER WILDE
Dritter der britischen Thronfolge – *1984

ROBERT REDFORD
DER EINZIGE GATSBY
Schauspieler – *1936

ROBBIE WILLIAMS
DER NEUE STILVATER
Musiker – *1974

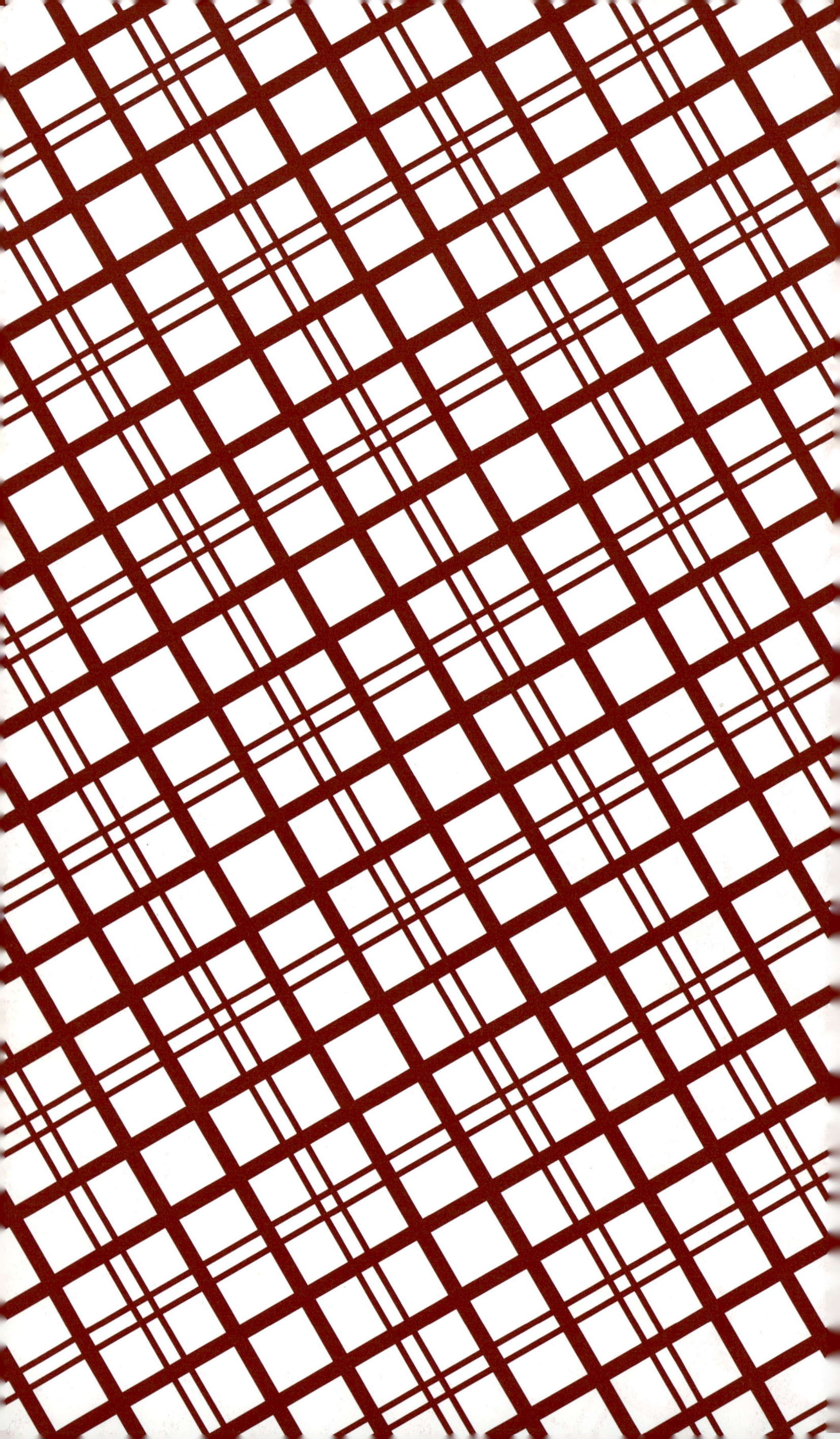

IV

VOM THOMAS ZUM FASHION RATH

MEINE FAMILIE HAT MICH SEHR UNTERSTÜTZT. ICH KONNTE IMMER AUF SIE ZÄHLEN. ICH WEISS, DAS IST EIN GROSSES GLÜCK.

In meiner Familie gab es vor mir keine Designer. Aber da waren immer eine große Begeisterung und ein besonderes Gefühl für Mode und Lifestyle, sowohl im Privaten wie auch im Business. Meine Familie stammt aus Köln und machte lange in Fleisch und Würste. Mein Urgroßvater hat eine richtige kleine Wurstfabrik gebaut. Sie ging vom Urgroßvater auf den Großvater über und vom Großvater auf meinen Vater. Mein Vater bewahrte mich vor der Metzgerkarriere, ohne mich je zu fragen, ob ich in das Familiengeschäft einsteigen wollen würde oder nicht. Er verkaufte die Wurstfabrik. Zu mir sagte er immer: »Junge, mach, was du willst. Aber mach.«

Ich kann nicht sagen, wann genau ich mich entschieden habe, Modedesigner zu werden, und ob ich das überhaupt bewusst entschieden habe. Aber ich weiß, dass ich nie einen anderen Berufswunsch hatte. Im Gegenteil: Modedesigner zu werden, war für mich kein Wunsch, sondern eine Tatsache. Wie man eben das Abi machen muss, so musste ich Mode machen.

Meine Familie hat mich dabei sehr unterstützt. Ich konnte immer auf sie zählen. Und doch: Als Unternehmer wollte ich von Anfang an auf eigenen Beinen stehen, das war mir wichtig, genauso wichtig, wie es meinem Vater war. Schon als Junge habe ich gelernt, mit Geld umzugehen. Ich war nie das Fabrikantensöhnchen, das in der Disko eine Runde nach der anderen schmeißt.

Für das Wochenende hatte ich zwanzig Mark in der Tasche und lernte, klug damit hauszuhalten. Der größte Reichtum, den ich als Kind und Jugendlicher von meinem Vater geschenkt bekam, war neben seiner Fürsorge und seiner Liebe ein großes Wissen.

Das Wissen darüber, wie man sich anständig kleidet, was Etikette ist und wie man sich auf jedem Parkett und zu jedem Anlass sicher bewegt.

Ich weiß, es ist ein großes Glück, so behütet aufzuwachsen. Ich habe es nie als Selbstverständlichkeit angesehen.

Während der Schulzeit habe ich bei Basler ausgeholfen. Mit Leidenschaft habe ich auf Messen die Models angekleidet. Nach dem Abitur, im zarten Alter von neunzehn Jahren, bekam ich einen Job im Stofflager der Basler-Zentrale in Aschaffenburg. »Der ist engagiert, ist kreativ, hat Talent, und vor allem hat er Spaß an Mode«, hieß es bald. Man hat mich gleichzeitig gefordert und sehr gefördert. Mit zwanzig war ich Jungdesigner. Die anderen Designer kamen von der Modeschule und waren mindestens vier oder fünf Jahre älter als ich. Ich war das Küken. Ich musste mir *on the job* durch *learning by doing* das erarbeiten, was die anderen von der Schule mitbrachten.

MEIN VATER SAGTE IMMER ZU MIR:
»JUNGE, MACH, WAS DU WILLST.
ABER MACH.«

Zunächst aber habe ich Kaffee gemacht und tage- und nächtelang am Kopierer gestanden und Skizzen auf kleine Karteikarten kopiert. Ab und an ist dann halt eine Skizze mit nach Hause gekommen. So habe ich mir das Zeichnen beigebracht. Ich habe die Entwürfe erweitert, verschönert, verändert. Natürlich habe ich die Skizzen dann irgendwann in die Firma mitgenommen und hergezeigt. Ab dem Moment war ich Jungdesigner.

Bald durfte ich, weil ich durch den einen oder anderen Italienurlaub ziemlich gut Italienisch sprach, nach Florenz fliegen und neue Strickfarben holen. Diese Feuerprobe bestand ich mit klopfendem Herzen. Später konnte ich dann sogar in die Modehäuser reisen und Fremdteile kaufen. Dadurch habe ich das Modebusiness von der Pike auf kennengelernt. Und genau das war ja mein Wunsch, das war mein Traum. So bewegte ich mich in der Modebranche und entwickelte im Lauf der Jahre meine eigene Handschrift, machte mir langsam und beständig einen Namen. Das war und ist bis heute manchmal harte, aber immer wunderschöne Arbeit.

ICH MUSSTE MIR DAS ERARBEITEN,
WAS DIE ANDEREN VON
DER SCHULE MITBRACHTEN.

Es kam die Zeit, da war Thomas reif für Thomas Rath und gründete sein eigenes Label. Das war nur möglich, weil mir all die Menschen, die ich auf meinem Weg kennenlernen durfte, so viel beigebracht haben, weil mir überall da, wo ich gelernt habe, so viel gegeben wurde. Ohne diese Lehre hätte ich den Schritt in die Selbstständigkeit nie gewagt.

Ich stand – und ich stehe auch heute – für einen bestimmten Stil. Ich bin kein Designer, der sich nur seinen Entwürfen hingibt, der nur das Kunstwerk an sich sieht. Für mich ist ein Entwurf erst dann gelungen, wenn er tragbar wird. Nachdem ich lange Zeit ausschließlich Mode für Frauen gemacht habe, sind jetzt endlich auch die Männer an der Reihe. Denn was nützt der elegantesten Frau ihr schönstes Kleid, wenn der Mann an ihrer Seite nichts darstellt außer dem Stolz auf seine Liebste, wenn er die falsche Garderobe trägt – vielleicht sogar in der falschen Größe? Frauen haben gemeinhin ein gutes Gespür für Mode, das heißt aber nicht zwingend, dass sie sich auch um die Garderobe ihres Gatten kümmern müssen. In uns Männern steckt dasselbe Talent, nur schlummert es oft noch tief und fest vor sich hin. Es ist mein Ziel, dieses Talent zu wecken und gleichzeitig die Begeisterung für hochwertige Stoffe und Materialien, für gute Schnitte, für die richtigen Kleidungsstücke zu jedem Anlass und für die Mode im Allgemeinen. Es geht mir nicht darum, die Herrenmode neu zu erfinden. Die besten Dinge sind ohnehin schon längst erfunden worden. Ich möchte vielmehr zeigen, wie man klassische Herrenmode heute tragen kann, wie man sicher kombiniert und sich begeistert für gut gemachte Kleidungsstücke. Mode ist nicht der oberflächliche Schnickschnack, für den viele Männer sie immer noch halten, im Gegenteil: Sie soll unser Selbstbewusstsein unterstreichen und stärken. Das war, das ist und das bleibt mein Antrieb.

ES GEHT MIR NICHT DARUM,
DIE HERRENMODE NEU ZU ERFINDEN.
DIE BESTEN DINGE SIND OHNEHIN
SCHON LÄNGST ERFUNDEN WORDEN.
ICH MÖCHTE VIELMEHR ZEIGEN,
WIE MAN KLASSISCHE HERRENMODE
HEUTE TRAGEN KANN, WIE MAN SICHER
KOMBINIERT UND SICH BEGEISTERT
FÜR GUT GEMACHTE KLEIDUNGSSTÜCKE.

DANKSAGUNG

EIN GROSSES, EIN SEHR GROSSES, EIN HERZLICHES DANKESCHÖN:

An meinen Großvater Werner Rath und an meinen Vater Ernst-Werner Rath – für perfekten Lebens- und Kleidungsstil und den souveränen Umgang damit in allen Lebenslagen.

An meinen Mann Sandro Rath, der Stil und Etikette mit mir teilt, wo und wann auch immer auf dieser Welt.

An den DuMont Buchverlag, an Laurenz Bolliger und an meine Co-Autoren Christoph Graebel und Claudius Nießen. Wir teilen den guten Geschmack und kämpfen für ein gekonntes und modebewusstes Aussehen der Männer. Es hat so gutgetan, mit euch zusammenzuarbeiten und darüber nachzudenken, wie viele Fashion- und Stilsünden es eigentlich gibt.

Euer Thomas Rath